人民检察史丛书

陕甘宁边区的人民检察制度

顾　问	毛　海　贾　宇
主　编	巩富文
副主编	汪世荣　梁晓淮
撰稿人	田鹤城　黄　海　冯卫国
	李　娟

中国检察出版社

前　言

　　《人民检察史丛书》，经过十余年的资料搜集、研究探索、考察论证和撰写，终于和读者见面了！

　　出版这套丛书，目的是"传承检察文化，弘扬检察精神，缅怀检察前辈，教育检察后人"。

　　本套丛书中，《人民检察制度的历史变迁》、《中央苏区人民检察制度的初创和发展》、①《鄂豫皖革命根据地人民检察制度的发展》② 三本，曾分别在《共和国检察 60 周年丛书》（2009 年）、《纪念人民检察制度创立八十周年系列丛书》（2011 年）中出版，此次为再版。《人民检察制度的历史变迁》 的研究和撰写开始于 2004 年，是在构建"人民检察博物馆"大纲的基础上形成的；《中央苏区人民检察制度的初创和发展》 和《鄂豫皖革命根据地人民检察制度的发展》，是地方检察机关的同志历尽艰辛撰写的，这种检察人的历史责任感和理论、文化的自觉意识是难能可贵的。

---

① 原书名为 《人民检察制度在中央苏区的初创和发展》。
② 原书名为 《人民检察制度在鄂豫皖革命根据地的发展》。

本套丛书中的《陕甘宁边区的人民检察制度》、《关东解放区的人民检察制度》、《山东抗日根据地的人民检察制度》，是最高人民检察院作为 2012 年度全国检察理论研究重点课题，分别委托陕西省人民检察院、大连市人民检察院和山东省人民检察院完成的。参加研究和撰写的同志克服诸多困难，投入大量热情和精力，使这几部重要的检察史书得以出版。对他们为检察理论、检察文化作出的贡献，我表示由衷的谢忱和敬意！

由于时间、资料、水平的原因，本套丛书一定会存在这样那样的瑕疵甚至谬误，欢迎读者批评指正。能够为后人，为那些关注检察历史、关注检察理论和文化、关注中国特色社会主义检察事业前途的人留下一些基础的资料和研究成果，是我们多年的夙愿！当本书付梓之时，我们最大的感受是"如释重负"。

历史是灯塔，历史是镜鉴。更重要的是，历史是人写的。愿我们的当代检察官们用忠诚写出更新更美的历史画卷！因为，今天就是明天的历史。

孙　谦

2013 年 11 月 16 日

目　录

第三章　普通刑事案件中的检察运行

第四章　政治类刑事案件中的检察运行

第五章　检察制度存废之争

第六章　陕甘宁边区检察制度的特点

人民检察

目　录

引　言

　　陕甘宁边区的人民检察制度是人民检察制度的史上极为重要的组成部分。在现有研究成果中,对陕甘宁边区的人民检察制度具体运行的研究较为薄弱。陕甘宁边区的民主政治促成了新民主主义司法的诞生,在此过程中,人民检察制度伴随着所有过程的始终。陕甘宁边区的人民检察制度是陕甘宁边区社会与制度变迁的写照,随着陕甘宁边区成立前后检察体制的发展变化,检察制度的具体运行状况呈现出不同的规律和特点。革命先辈的探索与实践,不仅是陕甘宁边区的人民检察制度发展进步的重要动力,也为新中国成立初期检察制度的建立、当代检察制度的完善,提供了不可多得的研究视角。

一、研究现状及述评

国内比较系统研究陕甘宁边区检察制度的成果，是杨永华、方克勤著的《陕甘宁边区法制史稿》。该书在"诉讼狱政篇"第二章"陕甘宁边区司法机关的组织及其职权"部分的第七节，以"人民检察机关及其职权"为标题，以陕甘宁边区高等法院司法档案为依据，对陕甘宁边区检察制度的发展沿革，进行了三个阶段的概括与总结，并根据相关检察条例和制度，描述了检察制度实施的大致状况：

第一阶段 1937 年 8 月至 1941 年 3 月："1937 年 8 月至 1938 年底，由徐世奎同志担任检察官，后刘临福同志继任检察官。各县保安科行使检察职权。"

第二阶段 1941 年 3 月至 1942 年 1 月："1941 年 3 月，边区高等法院成立检察处，由李木庵同志任检察长，下设检察员和书记员。……各县设检察员一人。1942 年 1 月，实施简政第一次整编，边区政府决定裁撤检察处及各县检察员。"

第三阶段 1946 年 4 月至 1947 年："1946 年 4 月，边区第三届参议会第一次会议决定：健全检察机关，由检察机关负责执行检察人民和公务人员违法行为的职权。会后成立陕甘宁边区高等检察处。设检察长一人，检察员二人，主任书记员一人，书记员二人，任命马定邦同志为检察长。分区设立检察分处（延属分区除外）、设检察员、书记员各一人。县设检察员，大县设检察员、书记员各一人，小县设检察员一人，书记员由县司法处书记员兼任"，"工作开展不久（1947年初），蒋胡军队进攻延安，司法干部有的转入部队，有的去搞战勤工作，检察机关无形取消。……直到陕甘宁边区政府撤销，再没有建立检察机关。"①

与此同时，陕甘宁边区关于检察制度的立法设计，包括是否建立独立的检察机关、如何建立检察机关，发生过激烈的争论。认为："不能片面强调边区情况特殊而完全否认检察制度的必要性。甚至以人民可以检举犯罪来取代检察制度，这是十分错误的。当然也不能无视边区处于战争和农村分散环境的实际，在建立检察机关时，不分必要与可能，过分追求所谓的正规化。"②

由于上述研究成果系整理和运用相关司法档案形成的，具有一定的概括性与权威性，此后其他的研究成果，对上述观点都给予了不同程度的肯定。延续着使用司法档案，挖掘和使用原始资料的路径，《陕西省志·检察志》③ 分别在第一篇"清末及民国时期检察"设立专章第四章"陕甘宁边区检察"，将陕甘宁边区检察，明确分为"裁判部设国家检察员时期"、"陕甘宁边区高等法院检察处时期"和"陕甘宁边区高等检察处时期"。在第七篇"人物"设立第一章"清末、民国及陕甘宁边区检察人物"，该章设立专节第三节"陕甘宁边区时期检察长"，分别介绍了谢觉哉、李木庵和马定邦三位检察长。在第八篇"大事记"专列"陕甘宁边区"部分。在附录中，收集了陕甘宁边区相关的检察法规及有关检察机关制作的法律文书，包括《延安市特别法庭国家检察员起诉书》（起字第 1 号）、《延安市特别法庭国家检察员不起诉书》（不字第 1 号）以及《黄克功杀人案的公

① 参见杨永华、方克勤：《陕甘宁边区法制史稿·诉讼狱政篇》，法律出版社 1987 年版，第 46~48 页。
② 杨永华、方克勤：《陕甘宁边区法制史稿·诉讼狱政篇》，法律出版社 1987 年版，第 51~52 页。
③ 陕西省地方志编纂委员会：《陕西省志·检察志》，陕西人民出版社 2009 年版，第 31~36 页。

诉书》（1937 年 10 月）等。

孙谦主编的《人民检察制度的历史变迁》，在第二章专门论述了"抗日战争和解放战争时期的人民检察"，分别从机构设置、检察机关的职权、关于检察制度存废的争论等方面，介绍了陕甘宁边区的检察制度、检察实践及理论研究。认为："李木庵等人关于检察制度的设想。毕竟是'合乎法理'的，体现了检察制度的发展方向。"①

陈立胜编著的《陕甘宁边区法制史》，第十三章"陕甘宁边区司法机关的组织及职权"第七节，专节论述了"人民检察机关及其职权"，认为："边区的检察制度是人民的检察制度。除检察机关独立行使检察权这种主要形式外，人民群众可以以个人名义检举犯罪并向法庭控告；群众团体、机关部队单位可以单独或与检察机关联合检举犯罪。"②

汪世荣、刘全娥、王吉德等著的《新中国司法制度的基石》在高等法院的"内部机构"一章，专门论述了"检察机关"，从制度实施的角度，强调了检察制度公布的立法，与实际的司法实践之间，存在着时间差："1939 年《陕甘宁边区高等法院组织条例》规定，实行审检合署，在边区高等法院内部设立检察处，设检察长与检察员，独立行使职权。但直至 1941 年春，李木庵到边区后，检察处才正式成立，李木庵亦成为边区首任检察长。"强调县级司法机关对检察制度的贯彻，由于受制于专业人员的制约，实际处于滞后状态："县级检察员的设置多付阙如，雷经天 1941 年 10 月的工

① 孙谦主编：《人民检察制度的历史变迁》，中国检察出版社 2009 年版，第 92 页。
② 陈立胜编著：《陕甘宁边区法制史》，西部法制报社延安法制教育基地内部教育资料 2005 年印，第 146～167 页。

作报告中指出：'我们现在因为司法人员的缺少，以致就这现有的组织内人员还非常不充实，例如各县的司法人员太不健全，甚至有好几个县连裁判员也没有，工作只得由县长兼任，还有些县份连书记员也没有，至于检察员更说不上了。'其余时间，除汉奸、盗匪等案件由保安机关负责侦缉起诉外，审判与检察基本合一。如在《陕甘宁边区政府审判委员会组织条例》（1942 年 8 月 22 日）、《陕甘宁边区高等法院分庭组织条例草案》（1943 年 3 月）及《陕甘宁边区县司法处组织条例草案》（1943 年 3 月 30 日）中均无检察权的规定。"[1] 而且，检察人员的配置状况，仍然需要通过档案资料加以细致梳理并予以准确回答。

上述已有研究成果，较为全面地揭示了陕甘宁边区检察制度从规范层面变迁沿革的过程，以及陕甘宁边区成立前的重要检察文件，诸如 1937 年 2 月 13 日、22 日中央司法部训令（一）、训令（二）两个文件，并关注到了其中关于检察制度的相关规定。学者根据这些内容，将这一阶段界定为陕甘宁边区检察制度的第一阶段，不无道理。但是，陕甘宁边区的成立时间在此之后，边区政府在国共军事谈判取得成效的基础上，于 1937 年 9 月 6 日宣布成立，随后在 10 月 12 日国民政府行政院第 333 次会议上，通过了对林伯渠的任命。其原文如下："军事委员会函：请委派丁惟汾为陕甘宁边区行政长官，林祖涵（即林伯渠）为副行政长官，丁惟汾未到任前，由林祖涵代理案。"[2] 因而，将"裁判部设国家检察员时期"列为陕甘宁边区检察制度的内容，似有不妥。这部分内容应当是边区成立之前的检察制度，本书

---

[1] 汪世荣、刘全娥、王吉德等：《新中国司法制度的基石》，商务印书馆 2011 年版，第 50 页。

[2] 转引自李智勇：《陕甘宁边区的政权形态与社会发展（1937～1945）》，中国社会科学出版社 2001 年版，第 23 页。

将其表述为"中央苏维埃裁判部国家检察员体制"。

本书强调陕甘宁边区成立前后检察体制的变化，通过检察制度回应和体现不同时期的司法体制，从中揭示发展变化的状况和结果。将"裁判部设立检察员体制"，作为边区成立之前的检察体制予以论述，旨在准确表述相关制度的历史条件和背景。对于解放战争时期，人民检察制度的变化，也纳入了研究的视野，将"边区人民法庭设立检察员的体制"，作为独立的检察体制内容加以论述。对不同时期检察制度的具体运行，予以特别的关注。

已有成果中，对陕甘宁边区检察制度具体运行的研究，是薄弱环节。例如，虽然已有研究关注到了黄克功案，但是缺乏从检察职权如何对司法审判发生作用与影响的角度进行的研究成果。对陕甘宁边区检察机关如何具体行使职权，缺乏细致的考证。针对上述情况，本书结合具体案例，试图对检察制度运行等问题，取得新的进展。但是，目前无论保存于中央档案馆的陕甘宁边区高等法院档案，还是保存于陕西省档案馆的复印件，都没有对社会开放，不能公开查阅。该部分档案的保存和管理方式，影响和制约着对陕甘宁边区检察制度史的总体、宏观和全面的把握，同时，也影响着陕甘宁边区检察制度史具体案件细节的深度描述和分析。

二、研究方法

第一，法律社会史分析方法。延安时期是一个社会变迁的时期，土地革命、婚姻自由、净化社会风气，所有这些社会变革，表现在延安的司法方面，就是司法体制具有频繁的变动特点，将之概括为"司法变迁"，更加合理、准确。其中，高等法院院长选任方式的变迁、地方法院及高等法院分庭设立的变迁、审判程序与方式的变迁，以及检察制度的变迁，如此等等，内容丰富，在短短13年的时间里，陕甘宁边区的司法呈现出了不断改革、不断调整，整体上趋于进步的变化态势。

寻找适合边区实际的审判制度，包括检察制度，是边区司法界的领导者经过认真思考确立的目标，也成为边区司法工作者和理论研究者的追求。是否成功创造适合边区实际的司法工作制度、方式和经验，也一度成为衡量边区高等法院院长完成其工作职责的重要因素。边区高等法院院长雷经天曾说："在这几年的工作当中有很多的经验，谢老批评说没有很好的总结搞出新的一套来，是完全对的。"[1]相反，成功创造出"马锡五审判方式"的马锡五当选边区高等法院院长，也是众望所归的事实。其所审理的封捧与张柏婚姻案，是评剧《刘巧儿》的原型，曾经广泛深刻地影响了中国的婚姻实践。

本书拟将检察制度植入司法体制，观察其职能设置、目标追求以及实现途径。在宏观描述陕甘宁边区司法体制的基础上，考察陕甘宁边区检察制度的设计及其运行。检察制度是整个司法制度的组成部分，不但设立受到司法体制的影响，具体的运行也受到环境的制约。对司法制度整体考察基础上，需要重点阐述其在边区社会中发挥的功能，对边区政治、经济、文化宏观进行分析，揭示社会现实中实际运行的检察制度，而非书面表述的检察制度。

第二，案例实证分析方法。所有案件的发生，都有特定的社会背景。与此同时，具体考察案件中的事实，发掘关键事实，以及相关的制度适用，是研究检察制度，揭示检察制度功能发挥的重要途径。细

---

[1]《陕甘宁边区政府办公厅司法类：雷经天同志的司法工作检讨及绥德县一九四四年司法工作总结报告》，陕西省档案馆，卷宗号：2－680。

致深入的个案描述，以及客观描述事实基础上的分析和梳理，是法学研究，尤其是法律史学研究的重要方式。"事实胜于雄辩"，"让事实说话"，个案呈现出的陕甘宁边区检察制度的事实，无疑是对当前已有研究成果的有力补充。

站在检察制度的角度，分析检察人员如何在事实发现中发挥作用，发挥哪些具体作用，这些作用对司法制度的推动。检察制度的运行，不仅需要检察机构的组织和建设，更需要检察人员的配备，需要检察程序以及检察权运作的具体方式方法。需要明确检察权实施状况及效果的评价。在相关的规范缺失情况下，个案的归纳和梳理，就成为了一条不可多得的研究路径。

在典型的个案分析时，结合相关案例进行阐释，揭示一般的运行状况和规律。发掘案例在推动检察制度发展中的契机，司法实践对检察制度建立和完善的作用，并通过检察人员的侦查笔录与审判人员的审理笔录、宣判笔录的比较，公诉书与判决书的比较，揭示检察人员的活动以及检察权发挥作用的途径及方式。

第三，比较研究方法。通过对制度比较和检察理论研究的双层比较，从纵向的历时性和横向的共时性的比较，揭示陕甘宁边区检察制度、检察理论的形成过程、内容、特点以及客观现实问题的解决。比较方法将具体制度和理论的提出，从宏观和微观的双重角度，进行阐述。从理解和同情的立场，进行分析。

比较研究的目的，是对比较的对象进行深层次的观察。比较方法作为法学研究方法，运用时需要参照制度和理论的环境与条件，需要进行深层次的揭示。陕甘宁边区的社会建设，要求与之相应的检察制度和理论，检察制度和检察理论的深化，成为司法进步的动力。通过具体界面的比较分析，有助于呈现陕甘宁边区检察制度的宽阔视角。

在检察制度研究时，针对具体问题的特点，采取一种方法进行研究，但是也不排除参照其他方法，灵活阐释。方法的运用只有准确恰当，才能发挥其作用。方法服务于其所讨论问题的性质，服务于论证的需要。

三、研究思路

首先，立足于陕甘宁边区检察制度研究的现状，提出需要研究和讨论的问题，为项目研究设定符合实际的目标。对已有研究成果的综述，尽可能客观、全面反映目前国内外业已取得的研究的成就，以及存在的问题和不足。项目成果第一部分，为其他后续的研究设定了基本的路径和方向。本书立足检察实践进行的案例分析与描述，试图弥补检察实践研究的不足。

其次，从司法体制的整体性出发，从司法面向的任务、目标和面对的现实、环境出发，考察检察制度设立、运行的社会环境和现实条件。将检察制度发挥作用的方式、途径以及发挥作用的条件，作为考察检察制度效果的必要因素。结合典型个案和相关案例，分析检察机关及其工作人员在案件事实发掘、法律适用等方面所发挥的作用。

在这一过程中，对边区司法制度的整体状况进行阐述基础上，对检察机关的设置及其运作状况，进行考察。陕甘宁边区司法档案的运用，为这些问题的系统考察提供了可能。诸如各级审判机关职能及其发挥，检察机关在审判职能发挥中的作用，重大的社会事件，尤其是两次国共合作为检察制度发展提供的契机；国民党封锁政策及其活动、大举进攻陕甘宁边区的活动对检察制度的影响，对检察理论研究的影响，如此等等，本书关注的是社会现实中如何进行制度设计，关注制度的运用，关注影响和决定制度运行的条件和因素。

具体案例的分析，为考察陕甘宁边区检察机关如何在普通刑事案件和汉奸等政治类案件中发挥作用，提供了可能。案例分析时当然需要关注当时特定的历史条件和特殊的历史环境，诸如专门检察人才的缺乏，如何制约检察制度设立，又如何深刻影响检察制度的运行。又如，政权变化、战争环境，如何决定了检察制度的走向或者运行，等等。

曾经担任过陕甘宁边区高等法院检察处检察长、高等法院院长的李木庵曾经说过：

在大后方，法律是进步的，政治不能配合，如惩治贪官污吏，象（像）这类的条文是很好的，因政治不能配合就不能（有）什么效果。因此就存在大后方法律是进步的观念。初来时自己没有站在革命政权作过工作，不了（解）情况。进来一年多，我晓得政治是相（统）一的，在大后方不相同。我们是政治领导法律，政治在前，法律在后，大后方是法律在前，政治落后。大后方的法律是抄的现成的，因为一方面在国际上对中国的法庭没有改良没有法律，鄙视我们，所以国民党就想把法律搞好，把法律搞好以后法庭是不用的。这是为了欺骗国际。再一方面，对国内是缓和革命的高潮。这个法律他本身是不需要的，不愿意这法律实现，他们还是压迫人民的。另一方面，我们拿来行使，我们的政治领导在前，这法律就能有实效。因法律同政治是有密切关系的。所以，站在政治的立场上对法律了解了很多，过去是教条主义的站在法律的圈子里，条文化了。我们边区也是要条文的，但并不是象大后方的欺骗国际，缓和国内的革命。我们的法律表示在政策上，比如我们的租佃条例、减租条例，这就是我们的政策，大后方的租佃法只是喊口号，我们的租佃法他们都有，都是革命的，甚至他是百分之四十，我们是百分之四十五。①

的确，政治清明与法制进步是相辅相成的关系。一方面，民主的立法程序，保证了法律的科学与进步，体现法律的时代性。另一方面，司法通过程序性的宣誓，捍卫民主政治所要求的程序和公正。陕甘宁边区民主政治促成了新民主主义司法的诞生，以马锡五审判方式为代表的司法制度，成了适合边区社会并有力地影响了新中国司法制度的重要内容。在此过程中，检察制度伴随着所有过程的始终。检察制度是陕甘宁边区社会与制度变迁的写照。

最后，陕甘宁边区聚集了来自全国各地的有志青年和仁人志士，这些先贤们富有远大的理想，充满创造的热情，为边区的社会建设乃至新中国的建设，奉献了聪明和才智，仅仅从检察理论的研究领域考察，他们的探索超越了时代的局限，作出了令人羡慕的成就。

陕甘宁边区的检察理论研究，立足边区司法的现实，走在了司法实务的前列，成为检察制度进步和完善的重要推动力。对于检察理论研究的成果，不仅为后来边区的检察立法，为新中国成立初期的检察立法，同时也为今天检察制度的完善，提供了不可多得的视角。今天，回顾和梳理这些理论成果，发掘稀有的检察理论资源，的确是健全和完善检察制度的重要途径之一。

四、篇章结构

本书包括八部分：

引言部分是对现有的学术成果进行梳理，力求全面、客观地介绍

---

① 参见《陕甘宁边区政府办公厅司法类：雷经天同志的司法工作检讨及绥德县一九四四年司法工作总结报告》，陕西省档案馆，卷宗号：2-680。

已有的研究成果，这些研究成果所取得的突破和进展，指出现有研究成果存在的不足或局限和需要进一步研究的问题。对研究思路和研究方法进行说明，对具体研究方法的运用进行说明。对项目成果提出明确的评价指标，对如何达到这些指标进行界说。

第一章"检察体制的沿革"，对中央苏维埃裁判部国家检察员体制、边区高等法院检察处体制、人民法庭检察员体制，分别进行总体的介绍和说明。对检察制度在不同历史时期的设置，进行呈现和介绍。对具体的检察案例，予以梳理、分析和研究。

第二章"检察制度相关立法比较研究"，通过对陕甘宁边区检察制度的发展沿革的宏观比较、陕甘宁边区与国民政府检察制度的比较、陕甘宁边区检察制度与苏联检察制度的比较、陕甘宁边区检察制度与其他革命根据地的检察立法的比较等，呈现陕甘宁边区检察制度的宏观风貌和微观形象。

第三章"普通刑事案件中的检察运行"，以黄克功案等为对象，细致分析和梳理了检察机关对故意杀人案的侦查、起诉及出庭支持公诉等职能，说明普通杀人案中检察机关介入的方式、途径，通过对起诉书和判决书的对比分析，阐述检察机关公诉对案件判决的影响。以"李万春过失杀人案"为对象，分析和梳理检察机关对过失杀人案件的侦查及不起诉处分职能。以"宁三妨害风化案"为对象，分析和梳理检察机关对妨害风化案件的法律监督职能。通过个案分析，从侧面揭示普通刑事案件检察职能的实现状况。

第四章"政治类刑事案件中的检察运行"，以刘文义汉奸案为分析对象，分别阐述和分析检察机关在汉奸案中的侦查和免予处分职能；以李克仁擅自收回已经分配的土地等案为对象，阐述和分析破坏边区案件的侦查及公诉职能。通过汉奸案、破坏边区案件的个案分析，呈现检察职能具体如何在政治类刑事犯罪审理中发挥作用。通过对检察机关侦查、起诉以及法院判决，揭示相互之间的监督制约关系。对检察机关如何介入政治类案件并发挥作用，进行总结和梳理。

第五章"检察制度存废之争"，陕甘宁边区司法界多次在正式场合讨论了检察制度问题，每次关于司法的大讨论，检察制度均是其中绕不开的话题。在这些讨论中，呈现出来尖锐的对立，也呈现出了论辩者的智慧，富有启发性。而且，陕甘宁边区形成了系统研究检察制度的理论文章，① 召开了专门的检察理论研讨会，对检察制度各个方面的问题，进行了卓有成效的讨论。

第六章"陕甘宁边区检察制度的特点"，对理论研究推动检察制度的完善、检察制度专门化的发展方向、检察长参与犯人选举权问题的讨论，对这些体现边区检察制度的特点，进行概括和说明。

---

① 朱婴：《论检察制度》，载《陕甘宁边区高等法院：边区政府审查委员会秘书朱婴毕珩的检讨会议记录和有关材料》，陕西省档案馆，卷宗号：15 - 97。

第一章

检察体制的沿革

　　陕甘宁边区检察制度,在延安时期十三年的发展过程中,共经历了三种体制:中华苏维埃裁判部国家检察员体制、边区高等法院检察处体制和人民法庭检察员体制。其中,边区高等法院检察处体制,又包括三个不同时期:陕甘宁边区高等法院设立检察员时期、陕甘宁边区高等法院设立检察长时期和陕甘宁边区设立检察长时期。检察体制的变化,主要反映了不同时期政权体制和司法体制的变化。中华苏维埃裁判部国家检察员体制,体现工农民主政权的国家性质及司法设计。边区高等法院检察处体制,体现抗日民主政权的政权体制和司法设计。人民法庭检察员体制,则是适应人民政权土地改革的需要,并为完成特殊时期特定的司法任务而进行的制度设计。

一、中央苏维埃裁判部国家检察员体制

"中央苏维埃裁判部国家检察员体制"，是工农民主政权苏维埃时期的检察制度，建立于 1937 年初期。具体含义是指在各级裁判部门，设立相应的国家检察员，从事案件的侦查、起诉和死刑执行的监督等活动。

1937 年 2 月 13 日、22 日中央司法部训令（一）、训令（二）两个文件，均由中央司法部部长蔡乾发布，设计了检察制度的相关细节。而且，反映当时检察体制相关制度的内容，则收集在陕西省档案馆全宗 1－36、1－37 和 1－38 之中。[①] 这三个案件号的标题分别是《中华苏维埃西北办事处：1937 年关于司法工作的条例草案、命令》、《中华苏维埃西北办事处：中央司法部、边区高等法院 1937 年关于司法工作的报告、指示、通知、训令》、《中华苏维埃西北办事处：边区最高法院、延安市地方法庭、特别法庭、临时公

---

① 这三个全宗的内容分别包括：卷宗 1－36 目录：中央司法部给陕北省延川县裁判部的指示信存稿、边区惩治贪污条例草案、中华苏维埃共和国中央执行委员会命令。卷宗 1－37 目录：陕北省苏政府裁判部给各县裁判部的工作指示、陕北省苏维埃政府关于开办司法讲习班的通知、陕北省苏维埃政府为各团体及地方群众有事诉讼定当查办的通知、中央政府司法部西北办事处关于建立并健全裁判部严格执行两审制度公审及巡回法庭的训令、中央司法部改变和补充训令、中央司法部关于设立各级裁判机关的布告、中央司法部工作报告、陕甘宁边区高等法院训令（令字第一号）。卷宗 1－38 目录：延安市地方法庭为宣布白云山、马仕元、郭德胜、王世藩、马荣福等匪犯的布告、延安市特别法庭国家检察员关于被告白兰英起诉事实理由书、延安市特别法庭国家检察员关于被告彭宝山、魏金兰、白玉兰不起诉处分书、最高法院刑庭对刘某某、洪某某、朱某某、詹某某、王某某的判处书、临时公审法庭对吴世安、徐典洲等拖枪逃跑案的判决书、抗日救国联合会屈归真、屈国正的呈状。

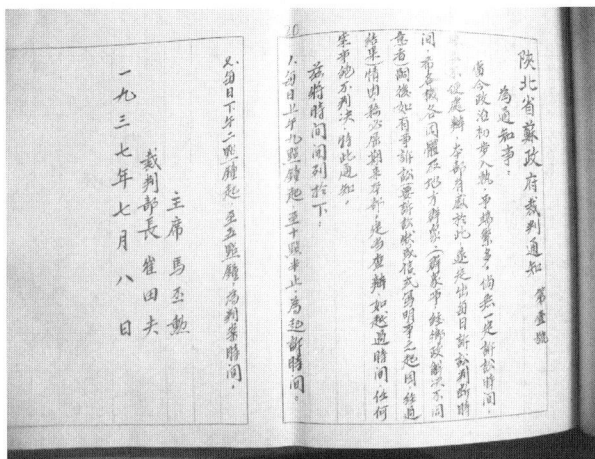

▲ 陕北省苏政府裁判部关于受理案件时间的
通知（卷宗号：1－37）

审法庭 1937 年各种判决书》。① 其中，1－37《中华苏维埃西北办事处：中央司法部、边区高等法院 1937 年关于司法工作的报告、指示、通知、训令》，包含了中央司法部的训令（一）、训令（二）及中央司法部的工作总结。

根据档案资料，中央苏维埃裁判部国家检察员体制，包括了检察机构的设置、检察人员的配备、检察工作的范围、检察官的职责以及检察员职务的履行程序、方式等方面的内容。

（一）检察机构的设置和人员配备

强调检察工作的独立性，最高法院由司法部设国家检察长，省、县审判机关，分别设立国家检察员。司法实践中，延安市特别法庭庭长和国家检察员，均由司法部部长任命。

1937 年 2 月 13 日公布的中央司法部训令（一），强调审判和检察机关相互独立和相互制约，虽然没有明确规定检察员的职责，但是提出了需要明确相互职责的意见：

司法机关是非常尊严的，应选正直而有革命历史的同志负担，建

---

① 参见《中华苏维埃西北办事处：中央司法部、边区高等法院 1937 年关于司法工作的报告、指示、通知、训令》，陕西省档案馆，卷宗号：1－37。

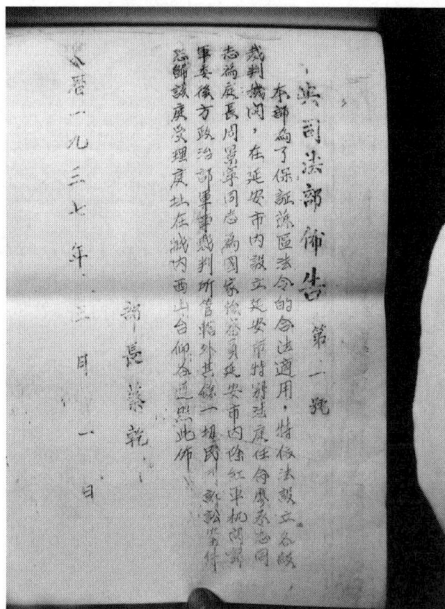

▲ 中央司法部关于任命延安市国家检察员的布告（卷宗号：1－37）

立他的独立工作，不得随便以人兼任，尤其是由县区保卫局长兼裁判部长，保卫局是侦查反革命提出公诉的机关，裁判部是执行一切民刑事件的机关，两者混一，是非常不好的，应急纠正。在裁判部内，检察员与审判员的职责，也应分别清楚，才能裁判进行，得到正确。

1937 年 2 月 22 日公布的中央司法部训令（二），则强调了检察机关的设置、职权等详细内容："省、县二级设国家检察员，最高法院则由司法部设国家检察长，代表国家行使检察权。"

（二）检察工作的范围与检察官的职责

检察工作的范围，包括刑事案件的执行、死刑案件的执行、刑事案件的上诉和非常上诉等方面。具体而言，刑事案件的执行，主要指对嫌疑人的侦查、起诉；死刑案件的执行，主要是通过检察工作，实现对死刑案件的核准程序；刑事案件的上诉，指检察机关如果对刑事案件的判决不服，可以提起上诉；非常上诉指对于已经生效的判决，被告人和检察员认为错误时，向国家检察长提出建议，并依法提起审判监督措施。其中，对于刑事案件的执行、死刑案件的执行以及非常上诉，训令（二）规定：

……关于刑事案件的执行，应由各级检察员指挥，死刑的执行，必须由国家检察员呈送卷判及证物来部审核，经本部核准后，方得执行。非常上诉仅司法部国家检察长有此职权，各级国家检察员及被告可以向国家检察员提出意见，请求提起非常上诉。

关于检察官对刑事案件的上诉问题，训令（二）规定，检察官的上诉与被告的上诉同时存在，与之相关的制度是陪审制度：

陪审员与裁判员有同等裁判权力，即如县裁判部进行审判时，以三人的合议制行之，以裁判员为审判长，向原被告及诉讼人发问，二陪审员旁听，判决时如陪审员二人意见相同，裁判员不同意时，为了尊重群众意见及依照少数服从多数的原则，应依照陪审员的意见决定，但同级国家检察员及被告不服判决时可提出上诉。

由此可见，检察机关的职权，主要围绕刑事案件，尤其是死刑案件进行，检察工作的范围明确、重点突出，涵盖了侦查、起诉、上诉、非常上诉四个不同方面。

（三）检察员执行职务的程序和方式

为了保障检察权的独立运行，对于检察员执行职务的程序和方式进行了明确规定。训令（二）规定：

各级国家检察员及本部国家检察长，均由本部制发国家检察员指挥证，在执行职务中，遇到急迫情形，可以指挥地方保卫队、红军保卫部武装补助，完成任务。

1937年3月1日，中央司法部部长蔡乾发布了《中央司法部布告第一号》，在设立延安市特别法庭的同时，任命了包括国家检察员周景宁在内的一批司法人员：

本部为了保证苏区法令的合法适用，特依法设立各级裁判机关，在延安市内设立延安市特别法庭，任命廖承志同志为庭长，周景宁同志为国家检察员。延安市内除红军归军委后方政治部军事裁判所管辖外，其余一切民、刑诉讼案件，悉归该庭受理。庭址在城内西山台。仰各遵照。此布。①

至 3 月 7 日又将特别法庭改为延安市地方法庭，由苏维埃中央政府任命周景宁为庭长，苏一凡为国家检察员，受中央司法部领导。另外，据《延安地区审判志》记载，从 1935 年 11 月至 1937 年 9 月，在中华苏维埃共和国临时中央政府驻西北办事处设工农检察局，由罗梓铭任局长。

（四）检察司法实践

1. 《中央司法部工作总结》

根据 1937 年 7 月 23 日中央司法部《中央司法部工作总结》②，苏维埃中央司法部建立了检察制度，并在司法干部培训活动中设立了检察业务的内容，重视检察人员的培养。总结认为：

（1）本部于 1937 年 2 月 13 日经中央主席团决定成立，即于是日发布第一号训令，内容为：

①建立并健全裁判部的组织；

②严格执行两审制度；

③公审及巡回法庭；

④不准虐待犯人；

⑤怎样处罚苦工的分子；

⑥努力学习裁判工作。

---

①参见《中华苏维埃西北办事处：中央司法部、边区高等法院 1937 年关于司法工作的报告、指示、通知、训令》，陕西省档案馆，卷宗号：1－37。
②参见《中华苏维埃西北办事处：中央司法部、边区高等法院 1937 年关于司法工作的报告、指示、通知、训令》，陕西省档案馆，卷宗号：1－37。

至同月 21 日，中央主席团专门讨论了司法部工作，关于 13 日发布的第一号训令，有如下的改变和补充：

①审级制度确定为三级两审制度，废止区一级的裁判部，建立检察制度；

②死刑复核机关确定为中央司法部；

③非常上诉确定为中央司法部国家检察长的职权；

④陪审员与裁判员有同等裁判权力；

⑤决定制发国家检察员指挥证。

（2）为了受理延安市内民事刑事诉讼案件，决定成立延安市特别法庭，于 2 月 28 日任命廖承志任庭长，周景宁兼国家检察员。于 3 月 7 日将特别法庭改组为延安市地方法庭，由中央政府任命周景宁为庭长，苏一凡为国家检察员。

（3）召集各省县裁判部长联席会议，3 月 10 日开始至 14 日。第 1 日由蔡乾部长报告目前政治形势和我们的任务，第 2 日由周兴局长报告肃反工作，第 3 日至第 5 日由周景宁科长报告办理刑事案件须知。上午报告，下午讨论，3 月 15 日散会，仍回原县工作。

总结中，同时涉及与检察制度有关的内容包括：

（1）培养司法干部。

决定设立司法讲习班，讲授：

①目前政治形势与我们的任务；

②民事审判实务；

③刑事审判实务；

④检察实务；

⑤司法制度；

⑥看守所规则。受训学员以现任县裁判部部长或保安局工作人员

为限。

（2）与西北保卫局发联合通知，划分各级裁判部与保卫局工作关系、权限及职责。

（3）组织法学讲义，分民事、刑事检察等实务工作，一方面为司法讲习班讲义用，另一方面为教育各级司法干部用。

（4）改组为陕甘宁边区高等法院。苏维埃中央政府为了实行抗日的民族统一战线，取消国内两个政权的对立，首先将中央司法部改组为陕甘宁边区高等法院，遵行南京政府颁行之一切不妨碍统一战线的各种法令章程。工作人员仍本着 10 年来苏维埃艰苦奋斗的精神，吃苦耐劳的工作作风，一扫官僚主义，成为一个旧的形式新的内容的司法机关。

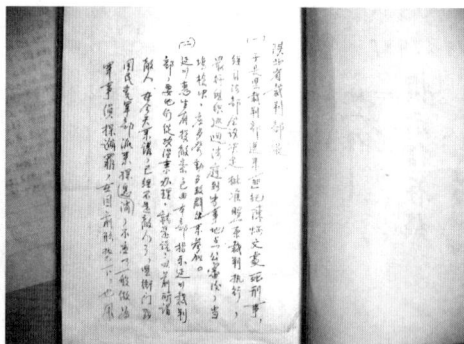

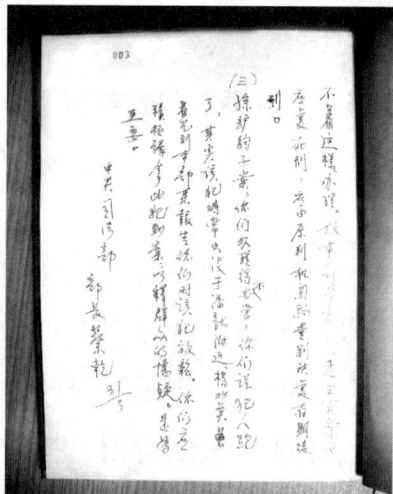

▲ 中央司法部针对匪犯陈炳文等三案给陕北省裁判部的指示信
（卷宗号：1－36）

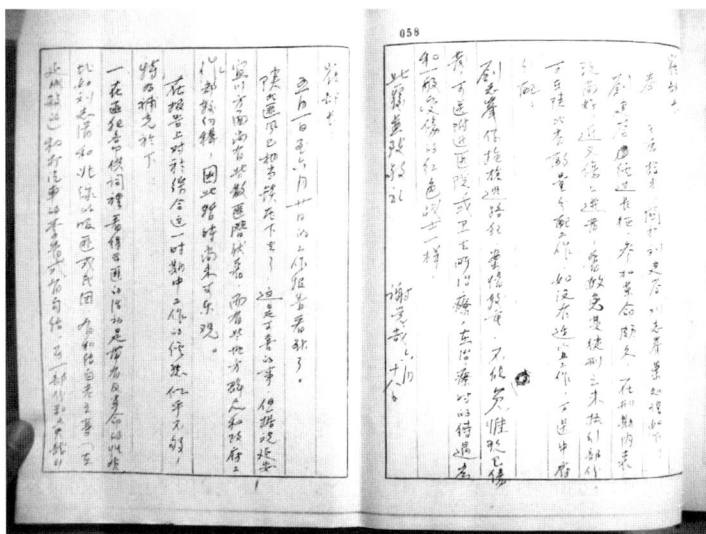

▲ 中央裁判部给陕北省裁判部案件请示和工作报告的指
示信（部分）（卷宗号：1－36）

2. 检察案例

而且，司法档案保存的这一时期的检察案例，从一个侧面反映了检察机关工作的状况，以及履行检察职务的结果与效果。通过对这些案例的研究和分析，不难发现"苏维埃裁判部国家检察员体制"在司法实践中发挥了重要作用。例如，司法档案中，边区最高法院、延安市地方法庭、特别法庭、临时公审法庭审理活动中，国家检察员扮演了重要的角色：[1]

（1）白兰英盗窃案的侦查和公诉

1937 年 2 月 27 日，延安市特别法庭国家检察员周景宁，向延安市特别法庭提出了对被告白兰英盗窃案的起诉书（起字第一号）。被告白兰英因窃盗案件，经国家检察员侦查终结，认为应提起公诉。

---

[1]相关案例参见《中华苏维埃西北办事处：边区最高法院、延安市地方法庭、特别法庭、临时公审法庭 1937 年各种判决书》，陕西省档案馆，卷宗号：1－38。

公诉书认为：白兰英是女工厂的工人，为中央局前总务处长彭宝山的老婆，因此，经常来往于中央局及女工厂之间。到中央局总务处时，其先后乘机窃盗会计科财物，第 1 次窃取苏票 51 元、白票 16 元，第 2 次窃取苏票 4 元、白票 5 元，并窃取手电灯 1 个、牙膏 2 盒、香皂 1 块，经会计科查出后函送侦查到案。

上述犯罪事实，被告在侦查中业经自白不讳，参与获案时在其住处搜出赃物，实属证据确凿，毫无疑义。被告此项犯罪的行为，已经触犯了苏维埃的刑事法令，即依法提公诉，请求处以相当罪刑。同时，被告所窃财物尚未全部交出，本国家检察员特代表国家依法提起附带民诉请求，判令赔偿。

（2）彭宝山、魏金兰、白玉花共同盗窃嫌疑案的侦查和不起诉处分

1937 年 2 月 27 日，延安市特别法庭国家检察员周景宁，向延安市特别法庭提出了对被告彭宝山、魏金兰、白玉花共同盗窃嫌疑案的不起诉处分书（不字第一号）。认为：被告彭宝山等因共同窃盗嫌疑案件，经本国家检察员侦查终结，认为应不起诉处分。《处分书》认为：

本案被告彭宝山，是白兰英的丈夫，魏金兰是中央局的缝衣工人。因白兰英平素认识白玉花，和白兰英是团校的同学，白兰英窃盗被发现时候，魏金兰曾经奉命执行搜索，在白兰英身上搜出赃物，为白兰英所恨，事后且疑惑是魏金兰、白玉花两个人告发的，遂诬指魏金兰曾分赃苏票 1 元、白票 8 元，白玉花曾分赃 15 元，并因款子已经浪费了，不容易归还，并诬指他的丈夫彭宝山也拿去推事。案经对质后，被告白兰英理屈词穷，承认冤枉了他们不讳。真相既已大白，被告彭宝山、魏金兰、白玉花显然没有共同犯罪的嫌疑，依法应予以

不起诉处分如上。

（3）刘某某等共同组织拖枪逃跑未遂案的公诉

1937年6月6日，中央司法部国家检察长代表傅忠出庭支持，审理并判决了刘某某等共同组织拖枪逃跑未遂案。最高法院刑庭审判长董必武，人民陪审员倪志良、谢富治、刘长胜、高检成等组成的法庭审理后，对刘某某等分别判处了有期徒刑1年、8个月和6个月不等的刑罚。判决书认为：

> 许某某，系前红四方面军某某军军长，现在抗日军政大学第一队学习，因对目前斗争张国焘错误路线问题，认为中央对四方面军干部是采取各个击破，对目前统一战线的新政策，认为是另有密约的投降敌人，听说西路军失败，认为自己就没有出路，屡次请假回家，未获允许。由于以上这些错误观点出发，逐渐发展成政治上的动摇，遂与同学前某某军副军长刘某某、政治委员王某某、政治部主任洪某某、前某某某师师长朱某某、前某某某师政治委员詹某某，组织拖枪逃跑，出去打游击，分头活动军政大学中四方面军送来学习的各级干部，结果组织了三十余人，约定在4月4日晚间，各人带各人的枪，到军政大学第五队毛厕侧面集合，由许某某带2个人，在最后掩护出城逃跑，如有人追捕，即实行抵抗，许某某且主张大闹天宫，并主张在山上打几枪，说土匪来了，乘城内混乱的时候闯出城门，出城后在二十里堡集合，用抗日的名义，同群众派粮捐款，到陕南去打游击。此项阴谋，该犯等已着手实行，因被西北保卫局破获而未遂，经中央司法部国家检察长侦查起诉。

> 上叙犯罪事实，经被告等之自白，共犯之证明，其组织拖枪逃跑未遂的情形，与促起组织拖枪逃跑的动机，至臻明确，犯罪之成立，

已无疑义，所应研究者，科刑之轻重而已。查被告等均系红军中高级干部，受过训练，明知组织拖枪逃跑，是违犯军队中的最高纪律，在任何地区打游击，均是破坏统一战线的行为，乃竟扩大煽动组织，拖枪逃跑至三十余人，并企图在出城时如遇追捕即实行抵抗，此项犯罪行为，不仅客观上是反革命，即主观上也完全是反革命的行为，依照1933年12月15日苏维埃中央执行委员会命令第25号《关于红军逃跑问题》第1条、第2条，应即各处死刑。惟查被告等革命斗争历史甚久，在革命战争中，受伤多次，至少在4次伤以上，过去在四方面军长期工作过程，缺乏政治教育，养成根深蒂固的不正确的观点：虽在军政大学训练了一个时期，但究竟一时不易纠正过来，以致发生此项极严重的犯罪行为，法虽不赦，情尚可原。再查犯罪行为尚属未遂，理应减轻处刑，又被告等在羁押过程中，迭次表示悔懊，兹站在教育的观点，给被告等以自新的机会，予以极宽大的处置，按被告等各人情节轻重、主动被动，在侦审过程中的表现等等，为科刑标准，判决刘某某共同组织拖枪逃跑未遂一罪，处有期徒刑1年，剥夺公权1年；洪某某、朱某某、詹某某共同组织拖枪逃跑未遂一罪，各处有期徒刑8个月，各剥夺公权1年；王某某共同组织拖枪逃跑未遂一罪，处有期徒刑6个月。

判决书特别强调："本案经中央司法部国家检察长代表傅忠，莅庭执行职务。"

（4）白云山、马仕元、郭德胜、王世藩、马荣福等土匪案的侦查和公诉

1937年6月7日，延安市地方法庭庭长周景宁、国家检察员苏一凡联合布告了《延安地方法庭布告第一号》，宣布了白云山、马仕元、郭德胜、王世藩、马荣福等土匪的罪状。布告认为：

查白云山、马仕元、郭德胜、王世藩、马荣福等匪犯，行后经西北保卫局及红军独立师捕获送案，经国家检察员侦查终结，提起公诉后，本庭组织公审法庭，讯据被告白云山等对犯罪事实供认不讳，被告等实犯反对政府，破坏治安，危害群众等重大罪恶，本庭在广大群众同意之下，依据苏维埃刑事法令，并奉中央司法部核准，将各该犯判处死刑，执行枪决，特宣布各犯罪状如下：

（1）白云山即白老五，男，30岁，陕北米脂县人，从民国20年起，即在甘泉、临镇、川泉、孔山伙内当土匪，旋因红军剿匪，遂逃往蒲城一带隐匿，到去年10月间，又回来抢劫延安县南区区政府，抢去长枪3支，子弹20粒，在付家弯乡政府抢去拆腰子枪1支，又在麻子街抢了4个人的财物，又和马仕元在顺天沟把申世良杀死，又接受著匪李青武的指导，企图互相援应，扰乱苏区。他是这股土匪的头子。在本年5月20日被捕。

（2）马仕元即马老三，男，36岁，陕北绥德人，和白云山是同伙抢区政府乡政府麻子街等处以及杀害申世良，他都参加，并且又在牛福镇抢了一次人，他和白云山都是股匪中的主要分子，与白云山同时被捕。

（3）郭德胜即郭老三，男，44岁，山东人，从民国22年起在黄龙山当土匪，在洛川、宜川一带抢人，今年2月担任著匪李青武侦探带有拆腰子手枪1支，代表李青武，由红宜县金盆弯起身，高房子收编白老五匪股，走到南盘龙，于5月5日被红军捕获。

（4）马荣福，男，36岁，陕北米脂人，系延安县南区六乡乡政府主席充任土匪，白老五的从控，保卫队下乡剿匪时，先后于四月初两次派吴昭汉给土匪送信，说保卫队来打某某某，快些走，又给吴昭汉发路条，到城里来抢枪。该犯钻进政权机关，某股匪的坐探，极其可恶，于5月27日被捕。

（5）王世藩即王老九，男，25岁，陕北米脂人，专门窝藏土匪魏炳桂、白云山、马仕元等，供给饭食，不报告政府，一贯地和土匪勾结。查股匪敢于猖獗，全系窝藏土匪的人帮助所致。因此该犯应与股匪同罪。该犯于5月20日和白云山等同时同地被捕。

由此可见，中央苏维埃裁判部设立检察员的检察体制，与审判组织的建设相一致，分别设立于最高法院、省级法院和县裁判部。但是，无论哪一级审判机构设立的检察员，都称为"国家检察员"。司法实践中，国家检察员独立履行诸如对刑事案件的侦查和起诉等职能。

附表：中央苏维埃裁判部国家检察员名录①

姓名	职别	任职时间
罗梓铭	中央政府驻西北办事处设工农检察局局长	1935.11 ~ 1937.9
傅忠	中央司法部国家检察长代表	1937.6.6 ~ 不详
周景宁	延安市特别法庭国家检察员	1937.3.1 ~ 不详
苏一凡	延安市地方法庭国家检察员	不详

---

① 参见延安市中级人民法院审判志编委会：《延安地区审判志》，陕西人民出版社2002年版，第33~35页；《中华苏维埃西北办事处：中央司法部、边区高等法院1937年关于司法工作的报告、指示、通知、训令》，陕西省档案馆，卷宗号：1-37。

二、边区高等法院检察处体制

陕甘宁边区处于一个社会变革、思想多元、文化观念激烈冲突的环境之中。

一方面，由于自然环境以及落后的经济发展水平的制约，传统的思想观念、落后习俗在边区仍然占据着相当地位；另一方面，在苏维埃体制上发展起来的边区司法，仍然延续着一些"左"倾的观念和方式；同时，随着边区民主政治的建立，大批知识分子由国统区甚至国外进入边区，各种思想观念纷至沓来。①

司法机关的设置、法律程序与审判制度的建设，全部处于探索之中。陕甘宁边区的司法从历史的角度观察，就是不断改革、不断发现、不断纠正、不断完善的过程。正是在这样的过程中，陕甘宁边区的司法取得了诸多的成就。其中，检察制度的建立，是重要内容之一。不断改革的陕甘宁边区司法实践，主要原因是陕甘宁边区的社会始终处于不断变迁之中。

"变迁的社会"是对陕甘宁边区的写实：1937 年陕甘宁边区高等法院的成立，成为了陕甘宁边区政权建设的组成部分。抗日民族统一战线的形成，深刻影响了陕甘宁边区的政治、经济和文化。陕甘宁边

①江世荣、刘全娥、王吉德等：《新中国司法制度的基石》，商务印书馆 2011 年版，第 3 页。1949 年 10 月，陕甘宁边区高等法院对陕甘宁边区司法进行了系统总结，认为：陕甘宁边区"在全国说又是一个最老的解放区，经过了土地革命、抗日战争，又经过边区自卫战争，发展到现在已基本上解放了大西北的变化多端的地区，司法工作虽于此时期在组织形式上为了统一战线有所改变，但司法政策与制度上，则是具体实施新民主主义的政策与制度，而废除了国民党封建的保护大地主大官僚阶级利益的旧法律"。参见《陕甘宁边区高等法院：陕甘宁边区司法工作报告》，陕西省档案馆，卷宗号：15－212。

区的法制呈现出了与以往截然不同的面向，司法也随之具有了保护各个抗日阶级、民族和党派的全新的任务，这也成为检察制度建立和发展的良好契机。但是，随着1942年国共合作的破裂，国民政府对陕甘宁边区的经济封锁，精兵简政的推行，在陕甘宁边区司法检查之后，检察制度被取消。其后，1945年日本投降，国共合作的再次出现，成为陕甘宁边区立法、司法的又一次新的契机。也成为新的检察制度出台、检察理论与实践得以完善的契机。这一时期，陕甘宁边区检察体制可以概括为"边区高等法院检察处体制"，其具体含义包括：

在边区政府成立之前的1937年7月12日，中共苏维埃西北办事处已及时对"中华苏维埃共和国中央执行委员会司法部"进行了改组，边区高等法院成立。陕甘宁边区高等法院设立有检察处，各县设立检察员，分别履行检察职责。在此过程中，先后经历了陕甘宁边区高等法院设立检察员时期、陕甘宁边区高等法院设立检察长时期、陕甘宁边区设立高等检察处时期三个不同时期。

（一）陕甘宁边区高等法院设立检察员时期

1937年8月至1939年3月，在边区高等法院内部设有检察员（1937年8月至1938年12月，检察员为徐时奎，又写作徐世奎），对案件先行审查，然后提起诉讼。1938年12月至1939年3月，检察员为刘福明。当时的检察员刘福明管生产，对检察制度没有发挥很大的作用。①

这一时期，有些县设立有专门的检察员，有些县审判员兼任检察职务。在某些司法文书中，公诉机关为"公安处"、"保安科"等，刑事案件的侦查、起诉等工作，分散于检察员、公安处、保安科等部门。另外，在具体司法实践中，单位和群众团体的代表也可以担任检察人员，履行检察职责。

在黄克功等案件的审判活动中，检察机关代表既包括边区高等法院检察员徐时奎，也包括被告人所在单位抗日军政大学政治部代表胡耀邦以及边区保安处代表黄倬超。出席公审大会的检察机关代表是胡耀邦，判决书中署名的检察机关代表只有胡耀邦。检察机关卓有成效的工作，为案件的公正审理，发挥了重要的作用。②

---

① 雷经天关于检察制度的发言，认为："从三七年八月徐世奎来了，到三八年底他走了，就没有检察员了。县上就是保安科，有了反革命捉了就送到县上去判决。徐世奎走了以后，就来了刘福明，到高等法院名义上当检察员，实际上他是管生产工作。"参见《边区高等法院雷经天、李木庵院长等关于司法工作检讨会议的发言记录》（1943年12月10日），陕西省档案馆，卷宗号：15-96。

② "案件判决结果的形成过程，档案中没有详细记载，一些研究边区法律史的著作中的说法也不完全相同。一种观点认为：边区高等法院根据党中央和毛泽东指示的抗日民主法制的平等原则，将黄克功判处死刑。另一种观点认为：以雷经天为审判长的合议庭，决定对黄克功处死刑。之后，先呈边区政府审核，又转报中共中央审批，中共中央和中央军委在毛泽东主持下，经过慎重讨论，最后批准了边区高等法院的判决。具体的判决日期也有疑问，判决书上的日期是公审日期，即10月11日；毛泽东的复信是在10月10日，而这封信中已明确说处以极刑。但边区高等法院在10月8日已发出公审通知，因此，笔者有理由推测，对黄克功的死刑判决结果，首先是检察机关明确要求处以极刑，审理案件的合议庭也主张对其处以极刑。合议庭对案件的判决意见，经过层层报批，最终被最高中央领导所肯定和支持，并得到了执行。由于案件采取了公审形式，判决书上标明的只能是审理和宣判日期。毫无疑问，边区高等法院在发出公审通知之前，已确定了初步的判决结果。"参见汪世荣、刘全娥、王吉德等：《新中国司法制度的基石》，商务印书馆2011年版，第147～148页。

（二）陕甘宁边区高等法院设立检察长时期

1939 年 4 月至 1942 年元月期间，陕甘宁边区任命了边区首任检察长李木庵，是陕甘宁边区高等法院设立检察长时期。这一时期，边区高等法院的检察官先后由刘临福、刘福明担任。

1939 年 4 月 4 日边区参议会颁布了《陕甘宁边区高等法院组织条例》，规定高等法院设立民事庭、刑事庭、书记室、看守所、总务科及检察处等部门，并规定："高等法院检察处，设检察长及检察员，独立行使其职权"，为检察制度的组织建设奠定了基础。但受战时环境影响，1941 年李木庵被任命为边区高等法院检察处检察长，标志着边区高等法院检察组织建设取得了实质性进展。高等法院检察处的人员组成，除检察长李木庵外，尚有检察员刘福明、书记员蒙新，才使工作能有效开展。这一时期是陕甘宁边区检察实务开展的黄金时期。

《陕甘宁边区高等法院组织条例》和《县裁判处组织条例》等制度，明确提出审判机构内部需要设立检察处或者检察员，负责案件的检察业务。1941 年 5 月 10 日《陕甘宁边区高等法院对各县司法工作的指示》明确规定："各县司法的组织，最低限度要有裁判员主持审判实务，检察员负责调查，书记员负责记录抄写，看守员负责管教犯人，通信员（法警）负责传递拘捕，分别执行司法工作的任务。"但是，截至 1941 年底，"各级司法机关仅配置有检察员，因人力及战争环境，精简关系，亦于同年暂时停止工作。"①

雷经天 1941 年 10 月《在陕甘宁边区司法工作会议上的报告》提

---

① 参见《边区人民法院关于建立新的司法组织机构与培养司法干部的意见，及为确定司法组织机构加强法治的提案》，陕西省档案馆，卷宗号：15 - 105。

到当时人员缺乏、机构简陋的情况："甚至有好几个县连裁判员也没有，工作只得由县长兼任，还有些县份连书记员也没有，至于检察员更说不上了。"① 1941 年 11 月，第二届参议会第一次会议上通过《陕甘宁边区县政府组织暂行条例》，其中第 14 条规定："司法处设审判员兼检察员一人，书记员一人或二人，看守所长一人，均由县政府决定，呈报民厅及主管厅部院处备案。"② 但是，1942 年 1 月 13 日边区高等法院第 2 号通令要求：

其他各县则在县政府下设司法处，三边分区之定边县规定司法处人员为 3 人，裁判员 1 人，书记员 2 人（一司检察职务，一司口供笔录、文牍、缮校、统计、档案等职务）。其余延安、清涧、延川、靖边、环县、志丹、安塞、富县、曲子、延长、合水、安定、新宁、镇原、吴堡、淳耀、固林、华池、甘泉、盐池、赤水、同宜耀等县规定司法处人员为 2 人：一为裁判员，一为书记员，原裁判员下设之看守所取消，归并于保安科。原有之检察员取消，由裁判员兼行检察职务。③

1942 年陕甘宁边区高等法院的"工作计划大纲"，"根据边区第二届参议会通过的施政纲领、各种法令及关于司法工作的决定"，将检察机关撤销，列为 1942 年工作的计划内容之一。明确要求：

将高等法院的检察处及各县的检察员、看守员、通信员裁撤，但其工作任务分担如下：普通检察任务由法庭庭长、推事或裁判员直接负责，如属于保安处的特别案件，由保安处保安科负责检察；各县看

---

①雷经天：《在陕甘宁边区司法工作会议上的报告》，载韩延龙主编：《法律史论集》（第 5 卷），法律出版社 2004 年版，第 384～385 页。

②《陕甘宁边区县政府组织暂行条例》，载《陕甘宁边区政权建设》编辑组：《陕甘宁边区参议会》，中共中央党校科研办公室 1985 年印，第 281～283 页。

③《通令 2 号》，载《边区高等法院关于撤销所属组织机构和编制问题的通令、编制表》，陕西省档案馆，卷宗号：15－108。

守犯人的工作，由保安科负责；各县拘传犯人，送达文件的工作由县政府法警卫队负责。

与此同时，对于相关编制和检察任务，则规定：高等法院"法庭庭长、推事三人，书记员二人，审理民刑事上诉案件并负检察任务"，地方法院"院长兼法庭庭长一人，推事一人，书记员二人，审理民刑事初审案件并负检察任务"，各县裁判处"裁判员一人，书记员一人，或二人，审理民刑事初审案件，并负检察任务"。①

（三）陕甘宁边区设立高等检察处时期

1946 年 4 月至 1947 年 4 月，虽然检察处仍然设立在陕甘宁边区高等法院，但是称谓改变，由"边区高等法院检察处"改称为"边区高等检察处"，这一时期被称为"陕甘宁边区设立高等检察处时期"。

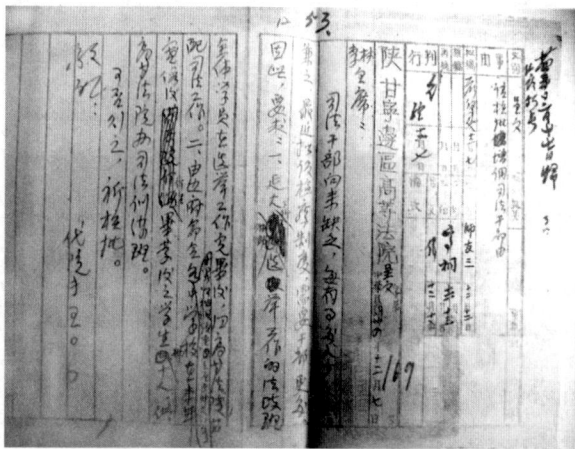

▲ 高等法院因增设检察员等缺乏司法干部请核批增用司法干部之呈文（卷宗号：15 - 129）

1946 年 4 月 4 日，林伯渠在《边区建设的新阶段——陕甘宁边区政府对边区第三届参议会的工作报告》中，再次提出：今后民主政治建设的主要任务之一，是健全法律与制度，健全司法机关和检察机关。此后，边区第三届

———————————
①参见《边区高等法院一九四二年工作计划总结》，陕西省档案馆，卷宗号：15 - 185。

参议会第一次会议才决定设立检察机关，成立高等检察处，分庭和县设立检察员。

第三届参议会闭幕之后的 4 月 28 日，边区政府委员会提请边区参议会常驻会批准，乔松山为边区高等法院副院长，马定邦为检察长。边区政府于 5 月 5 日下达通知："兹经边府第三届参议会常驻会第一次会议批准，乔松山为高等法院副院长，马定邦为检察长……"[1]

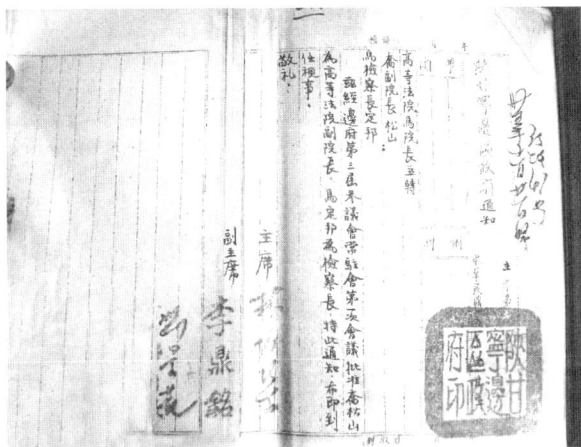

▲ 陕甘宁边区政府关于任命马定邦为检察长的通知（卷宗号：15－128）

陕甘宁边区于 1946 年 10 月制定了《陕甘宁边区暂行检察条例》，共计 4 章 15 条，成为陕甘宁边区制定的唯一的单行检察法规。根据边区政府 1946 年 10 月 19 日的命令，检察机关被称为"边区高等检察处"，但是，"是年冬自卫战争开始，干部他调，检察处无形中撤销至今尚未恢复"。[2] 这一时期显著的特点，是分庭成立检察处，并发挥了积极的作用。但随着自卫战争的爆发，于次年 4 月，检察干部被他调，检察处无形中撤销，此后未再恢复。

边区高等法院的司法档案，保存了绥德高等法院分庭检察处的

①参见《边区人民法院（高等法院）关于干部任免问题的呈和陕甘宁边区政府的命令、批答》，陕西省档案馆，卷宗号：15－128。
②参见《陕甘宁边区高等法院：边区人民法院司法工作报告》，陕西省档案馆，卷宗号：15－212。

工作总结，从一个侧面反映了分庭检察员完成工作的情况：①

绥德检察处在 1946 年 6 月间新设置检察员一人，不久即去延安开会，会期约五十多天，仍返回本处，因当时边府没有明令公布，使检察处工作制度，亦尚未健全，只在分庭一块住着，并帮忙分庭，处理些事情。直到边府明令公布后，检察处才开始正式工作，就是做工作，亦摸不上头绪。至于工作收效更谈不到，只能把做过的工作的情况，略述于后：

第一方面，一般工作进行的情形：

检察处成立以来，约有半年，实际做工作只有 3 个多月。就在 3 个月来说，亦没有做多的工作，只在临时的帮助分庭做了些事情，在实际有些事情与分庭很难分得太严，如有些刑事案件，原先收下的，但尚未处理，若要处理需下去侦察，在这种情形下，只好帮助分庭调查些案情等。

工作制度：现设检察员 1 人，书记员 1 人，各县尚未设立，检察处的工作在专署政务会上讨论两次，第 1 次检察员在延安回来，传达及讨论，第 2 次讨论检察处工作范围及职权等问题，办公处设在分庭一块，各种卷宗及拘传等票都已制好，但还没有启用，检察处几个月来另成立了三案，详情下面谈，其他的帮助分庭调查，因他们以前已成立了案卷，在工作时间上下乡多在机关少，检察处的案件转分庭，本应正规手续，一件弄清楚后，另写一起诉书，但我们还未用这套手续，如一件事调查清后，在会议上谈清后，将原卷及一切材料一交就好了。

工作方法：正面审问，侧面侦查，根据我们处理过几件案子，侧面的侦查很重要，有些事情正面没办法问清，侧面侦查可将全部能了

---

① 参见《陕甘宁边区高等法院绥德分区检察处关于半年来工作总结报告的呈文》，陕西省档案馆，卷宗号：15 – 387。

解，如医院有一个干部敲诈群众吃了纸烟，拿上金戒子等物，当初在正面没法弄清，后经侧面侦查清，使案子很快的就处理了。另外有些事，我们是积极的去搞，如有些贪污违法的，不论事实大小，一经查出，不论任何人，根据事实轻重分别处理。

第二方面，处理了几件案情：

在米脂驻军（教二旅）城门上打死人命案，当打死后，分区听见，即派人去了解一次，协同驻军及县府了解情况，军队与群众反映的情况不同，致使米脂县府难以处理，当时是迁就军队，因此有些问题处理不当，待马检察去米返延后，将实况反映后，联政和教二旅协同分处派人去调查清，才将打死人犯李甫忠送旅部处理，这说明我们对每件事要弄得清，因这件事自发生到最后处理约有3个月时间，处理的详细情形，前次报告在案，请查阅。

贪污违法：王宪温曾在绥德辛店区任过区委书记、区委组织科长等职，在1945年7月间，调任绥德同兴商店任经理（此商店系县府公商），因此他假公及（济）私，去关中贩大烟土，公家生意亏本，但他本人一次就赚了350万元，因此他犯贪污违法罪，当时发觉后，县府即派人清查账项，查的结果，贪污是事实，当时他认为是自己商店干部，即将王宪温撤职，干部会上斗争了一顿，作为完事，贪污的钱是没有理（追还）。

当时我们认为违法者应严惩，并将贪污款全部退出，检察处提公诉，经分庭处判所贪污之350万元，全部退出归公，并给王宪温3个月的苦役，这件事处理后，不仅给本人教育，并给一般干部教育。

敲诈钱财，骗哄吃饭：曾在分庭判处过一件婚姻案，绥德县四十铺区居民王步贤之妻，因夫妻关系不合，已判处离婚，将礼钱全部给男方退出，但女方拿了男方的衣物，尚未全部退出，王步贤就住在绥德市，将钱存在一家商号内，到处投面子说情，第一，尚可能说得他老婆仍回他家，第二，如人不回去，将他的东西全部给他退回去。当警区司令部卫生部秘书贺明山，曾在专署任过第三科科员，当时贺明山想骗吃一下王步贤，自己不好意思说出来，后在王步贤存钱铺子掌柜的安治业打通，都想吃王步贤，因安姓告王姓，你这事要寻贺先生，一下就办好了，于是王姓请安、贺二人吃饭中谈起此事，贺明山就大吹了一顿，接着王步贤就送给贺明山纸烟 2 条、点心 2 斤、金戒子 1 个（2 钱 6 分）。待了很久，王姓催问贺姓，结果东西吃了，反而指责他，因此王姓向分庭告诉，当时未受理，又来检察处面诉前事，如不给他办事，要他的原物。经检察处侦查，复事实切实，即将贺、安两人押审，自己一一都承认事实，将原物退出归王步贤，并将贺、安两人，每人判处苦役 1 月。

另外，帮助分庭调查两件较大的案子，就是检察处未成立之前，分庭已受理的案子，一件因偷盗，怀疑致成人命事，另一件因奸淫致使女人离婚，结下仇，去年打了一次架。这两件事检察处侦查后处理的详情不说了，因分庭处理案子。这说明除我们自己受理的案子外，还帮助分庭做些事情。

第三方面，工作检讨：

经短时期的几个月做了些工作，自检察处成立以来处理了几件案子，对干部的教育上起了很大的作用，另外虽然是新工作，经过这几月中，现在摸到一点头绪了，在各种工作制度上，算已搞起来了，不管现在的工作好坏，给将来工作是有帮助的。

存在的缺点：（1）新的工作，干部亦是新干部（外行），对自己本身业务不熟悉，以致工作制度没有很好建立起来。（2）本身对业务学习不够，就没有很好地讨论研究，如在职权方面，我自己现在还弄不清楚，上次在清涧工作，有一位同志给我反映，清涧司法处押几个土匪犯，经数次审问未问出材料，当时司法的干部准备把土匪犯拷问口供，那时我们正在司法处住着，他们为了避免我们知道，就用保安科的地方将匪犯内刑了一次，据说拷得很厉害，睡下坐不起，当时我想把司法处犯人看一下，但当时我想县不是直接领导机关应以检察处名义，但县上未成立检察处，于是执行工作就有些困难，只能给人家提供意见。（3）帮助行政工作，占了很大的时间，对自己的工作或多或少有妨碍，上次战争动员检察处2人全部下乡1月多，回来过了3天，杨专员下乡搞群众，解决土地公债，把检察处书记员带下乡了，17天后回来，又过了3天即随杨专员去延安开会，这说明做其他工作占了很多的时间。（4）本处只有2人，亦没有很好进行会议，有些事情2人随便一谈就好了，除在分庭联系外，和其他部门联系亦很差。（5）其他部门个别的干部对检察处的工作并不了解，有一位同志向我说，你们检察处的工作，作用究竟大小呢？我看他说的意见，检察处"可有可无"，这说明检察处的工作做得不很好，使其他干部对检察处"可有可无"。（6）上下级的联系亦不够，特别我们有些事情向上反映得太少，甚至没有，亦没有正式报告，反过来说，我们觉得高等检察处给我们的指示亦不多，在这个问题希望以后下面即时向上面反映问题，上面能够将各处的经验吸收起来，指导各地。

第四方面，提几点意见，供你们参考：

根据绥德分区的情况，各县即需要设立检察员，只有吴堡县不可，如清、绥、子、米等县的刑事不好，甚至人命事亦发生不少。

领导关系，就明切指示。如分处对各县究竟是什么关系，现在下面就两种困难：（1）各县没检察员，如各县发生事情需要县上执行的，那么就没办法，司法处不是一个系统，并且又不受分庭的指导，不好指示县长，也不能指示，例如第三问题，清涧那个例子。（2）如县上不设检察处，分区检察处是有头无尾，只能坐在分处等事情来，如你要到各县亲自跑去，本身没有那样多的干部，指示各县执行又不能，因此这一点应明确规定。

检察分处与分庭的关系亦应明确规定，这个报告内所提的意见，及工作中可能有很多的错误或不对处，请阅后示遵。

这份由绥德分区检察员黑长荣提交边区检察长马定邦的报告，落款日期为1947年1月16日，从报告中不难发现，分庭检察员的工作，主要是刑事案件的起诉，对审判活动的法律监督，等等。从绥德分区的情况看，县司法处并没有能够及时设立专门的检察员。

根据《陕甘宁边区高等法院组织条例》的规定：边区高等法院检察处设检察长1人和检察员若干人，检察员负责侦查案件，搜集证据，制作裁定，根据检察长的决定对案件提起公诉，撰拟公诉书。陕甘宁边区对于检察员的任命，坚持了严格的程序，即便是县司法处国家检察员，也必须呈报边区政府予以委任。司法档案保留了1946年12月4日陕甘宁边区高等检察处呈文：①

事由：为转呈加委张仲秀为葭县检察员由

林、李、刘主席：

据葭县政字第三号呈称："窃查本县设检察员一节缺职时久，物色无适当之人，则实有碍检察工作推进，现据我县实际情况，干部缺乏，尤其是对检察工作有经验之干部，更感贫困，以吾管见，原司法处工作之张仲秀同志，充任此职，诸多适合，并取得各干部及本人之同意，该同志曾任区长、区书职责，虽说历年不久，但对群众联系很好，调解民间是非耐心钻研，颇可想出一种办法，自转入司法工作以来，时将年余，经验较为丰富，对工作亦能摸索到门径，惟有他可任其职，

---

① 参见《陇东高等分庭，子洲县司法处、监狱等关于干部任免、调动、退伍问题的呈和边区政府、高等法院的通令》，陕西省档案馆，卷宗号：15－130。

未谙意为若何，权予决定转呈。"

边府核准加委俾便健全检察制度为盼等语，本处考虑认为适当，故转呈。

核如认为可行，请早日加委。

此致

敬礼

检察长马定邦

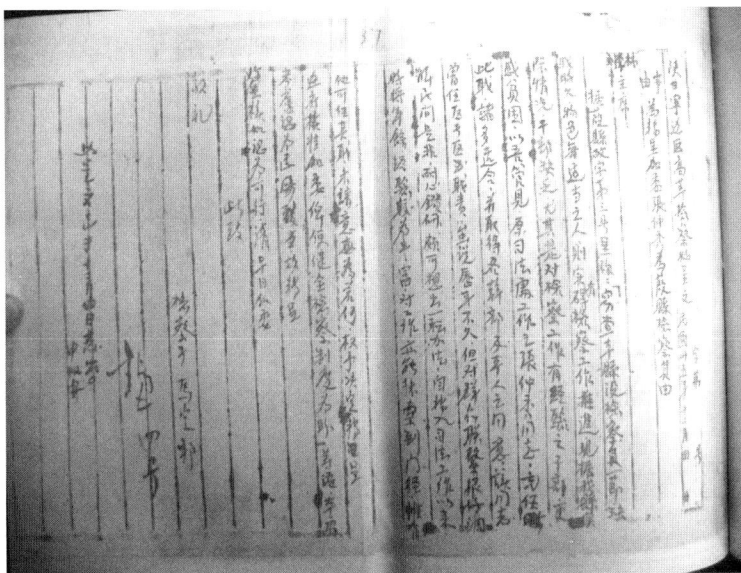

▲ 陕甘宁边区高等检察处为加委张仲秀为莨县检察员给陕甘宁边区政府之呈文（卷宗号：15－130）

边区高等检察处的呈文，基于莨县县政府的呈文，该呈文是：

莨县县政府呈　政字第三号

民国三十五年十月十九日

事由：为呈请加委检察员由

马院长：

切查本县设检察员一节，缺职时久，物色无适当之人，则实有碍检察工作推进，现据我县实际情况，干部缺乏，尤其是对检察工作有经验之干部，更感贫困，以各管见，原司法处工作之张仲秀同志充任此职，诸多适合，并取得各干部及本人之同意，该同志曾任区长、区书职责，虽说历年不久，但对群众联系很好，调解民间是非，耐心钻研，颇可想出一种办法，自转入司法工作以来，十几年余，保经验较为丰富，对工作亦能摸索到门径，惟有他可任其职，未谙院长意为若何，权予决定转呈。

边府核准加委，俾便健全检察制度为盼。

此致

    敬礼

                  县长杜开尧

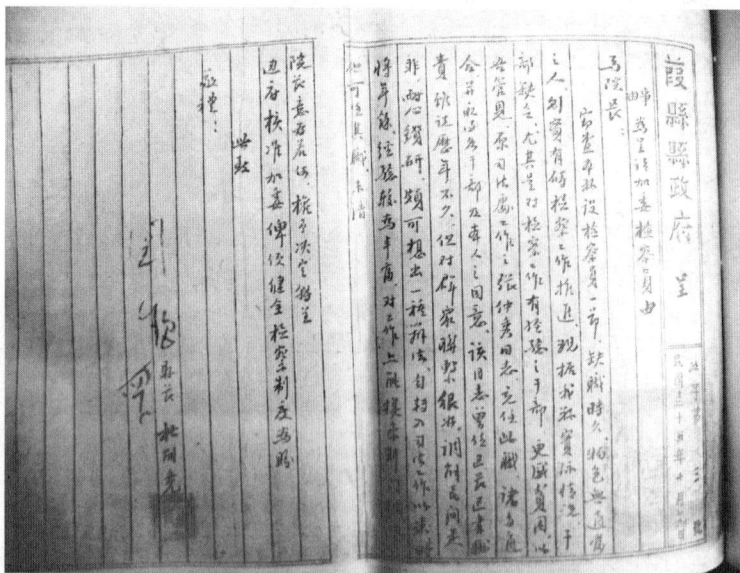

▲ 葭县政府为呈请加委检察员之呈文（卷宗号：15-130）

严格的检察员任命程序，一方面保证了检察员的素养和较高的标准，为检察职能的履行创造了良好的条件；另一方面，也制约了检察员队伍的发展。陕甘宁边区专门司法人才的短缺，是自始至终的严重问题。如果说陕甘宁边区高等法院曾经通过短期的干部培训，有效缓解了审判人才短缺的问题，检察人才的培训，未能有效展开。

实践中，边区政府任命检察长的期间，两任检察长李木庵和马定邦，加起来不足 2 年。① 3 个时期设立检察员的期间，总计为 7 年，边区高等法院检察员的职数，自始至终只有 1 人，所以检察员工作的独立性较强。陕甘宁边区高等法院编辑的《边区高等法院一九三八至一九四四年刑事案件判决书汇集》②，可以作为分析陕甘宁边区检察制度的实证资料。该卷收录了刑事案件的判决书共计 30 份，这 30 份判决中，明确提到检察机关的判处共计 21 份，超过了 2/3。这些判决包括：

1. 吉思恭汉奸案

被告吉思恭汉奸一案，经逮捕后送由检察机关侦查明白，提起公诉。1938 年 3 月 27 日，陕甘宁边区高等法院举行公审大会判决："吉思恭汉奸罪，应判处死刑。"判决书列举的公诉机关为保安处，判决书事实部分认为：被告的"种种犯罪事实，经检察机关侦查明白，证据确凿，提起公诉，复于公审大会上该被告亦当庭对其行为供认不讳"。判决书没有说明检察机关是否出庭支持公诉的内容。

2. 黄克功逼婚不遂杀害人命案

被告黄克功逼婚不遂杀害人命案件，经检察机关提起公诉，1937 年 10 月 11 日陕甘宁边区高等法院判决："黄克功实行逼婚不

---

① 李木庵任检察长的期间为 1941 年 3 月至 1942 年 1 月，马定邦任检察长的期间为 1946 年 4 月至 1947 年 4 月，其他时间，则只有检察员 1 人，独立履行检察业务。至于分庭或者各县，就更是由检察员单独履行检察业务，独立性强。

② 参见《陕甘宁边区高等法院：边区高等法院一九三八至一九四四年刑事案件判决书汇集》，陕西省档案馆，卷宗号：15－28－1。

遂，杀害人命，应判处死刑。"判决书中事实部分认为：被告犯罪后，"当经抗日军政大学当局将凶犯黄克功拘押，捆送法院，该凶犯黄克功已自承认杀人不讳，复经核查机关侦查起诉。"判决书特别强调："本案经检察机关代表胡耀邦莅庭执行职务。"

3. 马得凌因破坏边区案

被告马得凌因破坏边区一案，经检察机关侦查终结，证据确凿，提起公诉。1941 年 11 月 21 日，陕甘宁边区高等法院判决："马得凌破坏边区罪，判处徒刑五年。"判决书中事实部分认为："潜伏在延川县境进行活动，当被县政府察觉，予以逮捕，向本院解送途中，该犯以金收买警卫队战士刘青山，企图脱逃，经检察处侦查明白，证据确凿，提起公诉。"似乎案件经过一审判处死刑，陕甘宁边区高等法院改判，判处徒刑 5 年。

4. 吴占福杀人抢劫案

被告吴占福杀人抢劫一案，经检察机关侦查终结，证据确凿，提起公诉。1941 年 9 月，陕甘宁边区高等法院判决："吴占福杀人抢劫罪，判处有期徒刑五年。"判决书事实部分认为：被告的犯罪行为"待至民国二十八年二月间被发觉拘捕，经检察机关侦查明白，证据确凿，提起公诉"。判决书特别强调："本案经检查员刘临福同志莅庭执行职务。"

5. 李清远出卖祖国，为敌做探案

被告李清远出卖祖国，为敌做探一案，经检察机关侦查终结，证据确凿，提起起诉。1939 年 1 月 11 日陕甘宁边区高等法院判决："李清远出卖祖国为敌做探罪，判处死刑。"判决书中事实部分认为：该犯"刺探中国军情，向群众散布荒谬言论，后为当地群众报告附近之八路军游击队，遂将该犯逮捕解送来延安本院"。判决书特别强调："本案经检察员刘临福同志莅庭执行职务。"这一案件也没有经过一审，直接由陕甘宁边区高等法院进行了判决。判决书没有说明是否检察机关出庭支持公诉的内容。

6. 朱有三汉奸案

被告朱有三汉奸一案，经检察机关侦查终结，证据确凿，提起公诉。1939年10月17日陕甘宁边区高等法院判决："朱有三汉奸罪判处有期徒刑三年，随身所带财物没收。"判决书事实部分认为：对其犯罪事实，"该犯均自供认不讳，复经检察机关侦查明白，证据确凿，提起公诉"。判决书没有说明是否有检察人员出庭支持公诉的内容。

7. 罗志亭又名罗锦华汉奸案

被告罗志亭又名罗锦华汉奸一案，经锄奸部侦查终结，证据确凿，提起公诉。1940年3月，陕甘宁边区高等法院判决："罗志亭汉奸罪判处死刑。"判决书事实部分认为：该犯"活动八路军通讯学校女生胡金娥、牛爱莲及理发工人陈吉文开小差去西安与汉奸范某接头，并给以路证两张，路线图一份。廿八年二月间，理发员陈吉文即逃跑，当被该校拘捕，即破获本案，将被告罗志亭逮捕解送八路军锄奸部，经该部侦查终结，证据确凿提起公诉"。判决书特别强调："本案经检察员刘临福同志莅庭执行职务。"

8. 王光胜汉奸案

被告王光胜汉奸一案，经检察机关侦查终结，证据确凿，提起公诉。1940年11月9日边区高等法院判决："王光胜汉奸罪判决死刑。"判决书中事实部分认为：被告的犯罪活动"经检察机关侦查明白，证据属实，提起公诉"。判决书特别强调："本案经本院检察员刘临福同志莅庭执行职务。"

9. 雷鸣高破坏边区案

被告雷鸣高破坏边区一案，经检察机关侦查终结，提起公诉。1941 年 12 月 11 日，陕甘宁边区高等法院判决："雷鸣高破坏边区罪判处有期徒刑五年。"判决书事实部分认为："经富县政府逮捕解送本院，后经刑事法庭审讯，该犯皆直供不讳。"并未提及检察机关的活动，也没有说明检察机关是否出庭支持公诉的内容。

10. 惠致斌强盗案

被告惠致斌强盗一案，经检察处侦查终结，提起公诉。1938 年 11 月 9 日，陕甘宁边区高等法院判决："惠致斌强盗罪，判处死刑。"判决书事实部分认为："该被告经延川县逮捕，解送延安，复经检察处侦查明白，证据缺凿，提起公诉。"判决书特别强调："本案经检察员徐时奎同志莅庭执行职务。"

11. 王同江等拖枪拐款潜逃案

被告王同江、毋成林、闫发歧等拖枪拐款潜逃一案，经检察机关边区保安处提起公诉，陕甘宁边区高等法院受理举行公审，1937 年 12 月 24 日判决："王同江拖枪拐款潜逃一罪判处死刑。毋成林逃跑一罪判处有期徒刑一年。闫发歧逃跑一罪判决处苦役一个月。"判决书事实部分认为：被告等"走到关中宁县遇着自卫军盘查，因无通行证被扣留，押解延安，经检察机关侦查明确，提起公诉"。判决书特别强调："本案经检察机关代表汪孝忠莅庭执行职务。"

12. 柳春发等组织劫枪叛变，释放犯人逃跑为匪案

被告柳春发、张天德、罗仲友、李光辉 4 人组织劫枪叛变，释放犯人逃跑为匪一案，经检察处侦查终结，证据确凿提起公诉。1939 年 6 月 30 日，陕甘宁边区高等法院判决："柳春发组织劫枪叛变，释放犯人逃跑为匪等罪判处死刑。张天德组织劫枪叛变释放犯人逃跑为

匪，加处有期徒刑五年。罗仲友随同组织劫枪叛变释放犯人逃跑为匪等罪判处有期徒刑三年。李光辉自首告发减刑一年。"判决书事实部分认为：被告的犯罪行为"经李光辉自首告发，复经检察处侦查明白，证据确凿，提起公诉"。判决书特别强调："本案经检察员刘临福同志莅庭执行职务。"

13. 安有功等纵放人犯、企图杀人、组织拖枪叛变为匪案

被告安有功、刘光前等纵放人犯、企图杀人、组织拖枪叛变为匪一案，经检察处侦查终结，证据确凿，提起公诉。1940年1月17日，陕甘宁边区高等法院判决："安有功纵放人犯、企图杀人、组织拖枪叛变为匪等罪判处死刑。刘光前纵放人犯企图叛变等罪判处有期徒刑三年。"判决书事实部分认为："被告等均于犯罪后当即被捕，解送本院，经检察处侦查明白，证据确凿，提起公诉。"判决书特别强调："本案经检察员刘临福同志莅庭执行职务。"

14. 党德庵等混进抗日部队企图组织活动逃跑，又复进行逃跑案

被告党德庵、李荣春等因违反边区动员法令，企图活动逃跑及实行逃跑一案，经检察机关侦查终结，证据确凿，提起公诉。1941年5月15日，陕甘宁边区高等法院判决："党德庵混进抗日部队企图组织活动逃跑，又复进行逃跑等罪判处徒刑一年半。李荣春混进抗日部队实行逃跑判处徒刑一年。"判决书事实部分认为：被告逃跑至绥德，"被新兵营逮捕，经检察机关侦查明白，证据确凿，提起公诉"。判决书没有说明是否有检察员出庭支持公诉的内容。

15. 王黄氏虐待侄媳张皆英自杀案

被告王黄氏因虐待侄媳张皆英自杀一案，经检察机关侦查终结，证据确凿，提起公诉。1939年11月27日，延安市地方法院判决："王黄氏伤害致死罪，判处有期徒刑二年。"判决书事实部分认为：

被告的犯罪行为，"经检察机关侦查终结，证据确凿，提起公诉"。判决书没有说明是否有检察员出庭支持公诉的内容。

16. 党凤梧侵吞公款、贩卖鸦片、舞弊营私、剥削工人、破坏公营企业等案

被告党凤梧侵吞公款、贩卖鸦片、舞弊营私、剥削工人、破坏公营企业等一案，经检察处侦查终结，提起公诉。1938 年 8 月 10 日，陕甘宁边区高等法院判决："党凤梧侵吞公款、贩卖鸦片、舞弊营私、剥削工人、破坏公营企业等罪判处死刑。"判决书事实部分认为：被告的犯罪行为"经该炭厂工人告发，由边区建设厅解送本院，经检察处侦查终结，证据确凿，提起公诉"。判决书特别强调："本案经检察员徐时奎同志莅庭执行职务。"

17. 鲍汇元等贪污案

被告鲍汇元、周步瀛贪污上诉一案，经检察处侦查终结，证据确凿，提起公诉。1939 年 3 月 18 日，陕甘宁边区高等法院判决："原判撤销。鲍汇元贪污罪判处有期徒刑三年零二个月，赔偿贪污合作社洋一百三十五元四角二分，并科罚金五十元。周步瀛贪污罪判处有期徒刑三年，赔偿贪污合作社洋一百三十五元四角二分，并科罚金五十元。"判决书事实部分认为："经安塞县发觉逮捕，各处以有期徒刑二年，并科按数赔偿贪污款额，被告等对第一审所为判决不服，提起上诉，到院后，检察处侦查终结，证据确凿，提起公诉。"判决书特别强调："本案经检察员刘临福同志莅庭执行职务。"

该案被告不服一审关于判处徒刑 2 年的判决后上诉。上诉后，二审法院审理加重了被告的刑罚，分别判决鲍汇元有期徒刑 3 年 2 个月、周步瀛有期徒刑 3 年，主要原因是县司法处只有 3 年以下量刑的判决权。表明陕甘宁边区没有实行"上诉不加刑"的原则，一切以

妥当为最终的量刑目标。

18. 海明渎职案

被告海明渎职一案，经检察机关侦查终结，证据确凿，提起公诉。1940年2月27日陕甘宁边区高等法院判决："海明犯渎职罪判处有期徒刑二年零六个月。"判决书事实部分认为：被告的犯罪行为"当被发觉，即行逮捕，经检察机关侦查明白，证据确凿，提起公诉"。判决书没有说明检察机关是否出庭支持公诉的内容。

19. 张更太犯造谣贪污渎职案

被告张更太造谣贪污渎职等罪，经检察机关侦查终结，证据确凿，提起公诉。1940年4月23日陕甘宁边区高等法院判决："张更太犯造谣贪污渎职等罪，判处有期徒刑三年。"判决书事实部分认为："以上一切，经本院调查，事实属实。"对是否检察机关出庭支持公诉，没有说明的内容。

20. 肖玉壁贪污渎职逃跑案

被告肖玉壁贪污渎职逃跑等罪一案，经检察处侦查终结，证据确凿提起公诉。1941年12月，陕甘宁边区高等法院判决："肖玉壁贪污渎职逃跑等罪判处死刑。"判决书事实部分认为：被告的犯罪行为"当经政府处觉捕获，送交保安处，今年六月二十五日转送本院，经检察处侦查明白证据确凿，提起公诉"。判决书特别强调："本案经检察员刘临福同志莅庭执行职务。"

21. 刘文义汉奸案

被告刘文义充当汉奸一案，经绥德县政府缉捕送至延安，1942年3月11日，陕甘宁边区高等法院判决："刘文义汉奸罪判处有期徒刑二年。"虽然判决书没有记载关于检察机关履行职能的情况，该案的档案卷宗 15 - 742 保存有检察机关的公诉书及侦查笔录等法律文书。①

由于陕甘宁边区法院系统关于判决书的制作和书写，存在不规范的情况，某些案件中，关于检察职能履行的状况，判决书的记载不够准确，例如，上述案例 15，虽然判决书中有"检察机关侦查终结"的表述，但这里的检察机关就是指公安处。同样，判例汇编中的"刘文义汉奸案"，判决书并没有记载关于检察机关参与侦查和审理的内容。但是，根据陕甘宁边区高等法院档案15 - 742所载内容看，该案中检察员刘临福对案件进行了侦查、提出了公诉书，为边区高等法院的审理奠定了基础。判决书之所以没有记载检察机关活动的内容，主要原因是案件宣判时，陕甘宁边区高等法院检察处已经被撤销，无法在判决书中承载检察机关活动的内容。但是，在司法档案中，保存有"检察处：刘文义起诉书"及"刘文义侦查笔录"等内容。

同样，《陕甘宁边区高等法院判例汇编》中，判决书没有提及检察机关参与的案件包括：

（1）贾丕显破坏边区等案；

（2）韩子杰招兵组织暗杀队，防害秩序案；

（3）任子光过失杀人案；

（4）王占林杀人等案；

（5）肖积金贪污公款案；

（6）辛五常渎职、妨害秘密、诈欺背信等案；

（7）李克仁叛变逃跑案；

---

① 参见《陕甘宁边区高等法院：本院关于判决汉奸刘文义一案的判决书审讯笔录》，陕西省档案馆，卷宗号：15 - 742。

（8）江波义愤救人防卫过当使冯得胜受重伤致死案；

（9）赵培元贪污公款案。

对上述案例进行分析，不难发现其共同的特征：案情轻微。这些案件中，既有轻微的政治类案件，也有轻微的普通刑事案件，基本包括两个类型：

第一类案件是由于被告特殊的身份，对法律的适用产生了影响。例如，案例1"贾丕显破坏边区等案"，"被告贾丕显身充友方公务人员，乃竟受不明大义的反共分子指使，当此国家民族危亡之时不积极努力于国内团结抗战，而在抗日模范地区，进行破坏，污蔑共产党八路军和边区，欺骗群众，利诱青年儿童，被捕后又复勾引战士拖枪叛变，企图越狱逃跑，此种罪恶行为实属破坏团结抗战、违反革命的三民主义，与帮助日寇的汉奸行为无异。"被告贾丕显友区公务人员的特殊身份，决定了本案不同于其他案件的特点。边区高等法院审理后判决："贾丕显破坏边区等罪，判处有期徒刑五年。"又如，案例3"任子光过失杀人案"，"查任子光玩弄枪械击毙郑银明，核系过失行为，因郑银明给任子光交枪时并未告知枪膛内有子弹，而任子光于枪之勾命之处随手扳弄，亦系出于无意，且查该犯年仅十二岁未达责任年令（龄）。"也是由于行为人没有达到刑事责任年龄的事实，决定了案件的特殊性。延安市地方法院审理后判决："任子光过失杀人罪，交劳动生产所予以感化教育，没有判处刑罚。"案例5"肖积金贪污公款案"，"被告肖积金系职工合作社人员"，"案经职工合作社呈请市公安局侦查属实，转送来院，当即讯明，被告等供认不讳，各记录在卷。"职工合作社作为受害单位，本身具有检举、告发其雇员的权力。延安市地方法院审理后判决："肖积金贪污公款八万余元及白洋布半疋（匹）之所为，处徒刑四年（刑期自民国三十二年三月二十八日起至三十六年三月二十七日止）。"案例6，"辛五常渎职、妨害秘密、诈欺背信等案"，"被告辛五常从事邮政代办所经理，竟故意违反邮章，私自开拆，隐匿寄投之邮件，以诈术实行贪污汇款汇费邮费，毁公肥己"，被"甘泉县政府发觉逮捕"，解送延安边区高等法院审理。边区高等法院审理后判决："辛五常渎职妨害秘密诈欺背信等罪，判处有期徒刑三年，并赔偿所隐匿之汇款汇费邮资洋九百五十四元六角五分。"案例7"李克仁叛变逃跑案"，边区高等法院根据李克仁逃跑后主动返回的事实，认为"李克仁叛变逃跑，后能悔悟返回，以前判处之徒刑二年，准其讨保假释。"又如，案例8"江波义愤救人防卫过当使冯得胜受重伤致死案"，边区高等法院根据"延安大学报由延安市公安局，将案传送来院，当即验明死者确系受重伤致死，而被告亦承认防卫过当事实，并经证人证明属实，各记录在卷"的事实，判决"被告江波义愤救人，防卫过当，使冯德胜受重伤致死之所为，处以徒刑一年。被告栗中希帮助江波伤害冯德胜使受重伤致死之所为，处以劳役六个月，准予缓刑二年。"案例9"赵培元贪污公款案"，"被告赵培元身为支处负责人员，竟对工作不负责任，短少公粮公款及其他货物数达四五万元之钜（巨），而自己平日生活腐化堕落，且贪污公款约近万元之谱，实属罪无可恕，唯念其年幼无知，既鲜领导能力，又少工作经验。"判决："赵培元贪污公款之所为，处以徒刑二年，剥夺公权二年。"

　　第二类案件是由于案件的审理程序，边区高等法院针对案件的特殊情况，指定延安地方法院审理，对法律适用产生了影响。例如，案例2"韩子杰招兵组织暗杀队，防害秩序案"，"案内伙匪被当地军政机关逮捕，依法惩治，韩子杰漏网，于今年三月化装来延安县，匿居李家渠刘升贵饭铺内，五月十七日当地政府检查户口时，以行迹可疑，加以逮捕，又经米脂人民函告，呈送高等法院，指定本院为第一审审理。当经严密审讯，被告人只承认组织暗杀队招兵阻挠公粮及结伙七人抢劫米脂船家坪崖窑不知名家财物及逃跑各事，余不承认，记录在卷。"被告韩子杰系共同犯罪中的同案犯，漏网指定管辖后予以判决："被告韩子杰犯招兵及组织暗杀队为妨害秩序行为之罪，各处徒刑五年，又犯脱逃罪处徒刑二年，又犯结伙抢劫农救会枪支一次、抢劫民家财务五次各判徒刑十年，又犯行劫放火烧死两人一罪，又犯行劫持刀杀人一罪各处死刑，执行一死罪，褫夺公权终身。"又如，案例4"王占林杀人等案"，"合水县政府予以逮捕呈送高等法院，指定本院为第一审管辖，经侦查审讯，王占娃、王连子对王春元被杀前后情形直供如绘，林宽之子林生凤以及张三曾当庭证明无讹，王占林、王凤英均不吐真实，各录在卷。"延安市地方法院判决："王占林杀死王春元一罪判处死刑，与王凤英通奸一罪处徒刑一年，略诱王占娃一罪处徒刑五年，执行死刑；王凤英帮助王占林杀死王春元一罪处徒刑八年，与王占林通奸一罪处徒刑一年，略诱王占娃一罪处徒刑三年，合并执行徒刑十年。"

所以，即便设立检察机构期间，并非全部案件都需要通过检察机关侦查、起诉，只有案情重大的普通刑事案件和政治类案件，以及有法律监督必要的刑事案件，检察机关才介入案件，履行检察职能。一般的刑事案件，经过公安机关的侦查，同时就起诉到了法院。对这类案件，公安机关的侦查和起诉是合一的，没有严格区分二者的不同。而且，边区司法的领导人表述这一现象时，使用的是司法人员同时履行检察职权。在没有提及公诉事项的判决中，明确描述了这类案件的审判程序：公安机关或者政府部门将案件提交法院，法院审理并予以判决。尤其轻微的刑事案件的处理程序，就更是如此，检察职能由审判人员自己完成。

除陕甘宁边区高等法院检察处担负检察职能外，保安处也担负公诉职能，吉思恭汉奸案判决书列举的公诉机关，便是保安处。黄克功、王同江等案，出庭支持公诉的，也是"检察机关代表"，而非"检察员"。而且，检察人员出庭支持公诉的案件，全部为重大刑事案件。除延安地方法院判决的"王黄氏虐待侄媳张皆英自杀案"等少数案件说明了案件经检察机关侦查外，其他明确检察机关参与的案件，则出自边区高等法院。

附表：陕甘宁边区高等法院检察处及边区高等检察处职员名录①

姓名	职别	任职时间
李木庵	边区高等法院检察处检察长	1941.3 ~ 1942.1
徐时奎	边区高等法院检察处检察官	1937.8 ~ 1938.12
刘临福	边区高等法院检察处检察官	1938.12 ~ 1941.3
刘福明	边区高等法院检察处检察官	1941.11 ~ 不详
马定邦	边区高等检察处检察长	1946.4 ~ 1947.4

三、人民法庭检察员体制

1947 年 10 月 10 日，中共中央批准和公布了《中国土地法大纲》，并建议各解放区民主政府、各地农民大会、农民代表大会及其委员会采纳和贯彻。陕甘宁边区高等法院通过颁布命令的方式，成立两级人民法庭，贯彻和实施《中国土地法大纲》。人民法庭组织过程中，形成了相应的人民法庭检察员体制。《中国土地法大纲》第 5 条规定：

---

① 参见延安市中级人民法院审判志编委会：《延安地区审判志》，陕西人民出版社 2002 年版，第 58 页。

乡村农民大会及其选出的委员会，乡村无地、少地的农民所组织的贫农团大会及其选出的委员会，乡、县、省等级农民代表大会及其选出的委员会为改革土地制度的合法执行机关。

第 13 条规定：

为贯彻土地改革的实施，对于一切违抗或破坏本法的罪犯，应组织人民法庭予以审判及处分，人民法庭由农民大会或农民代表会所选举及由政府所委派的人员组成之。

第 14 条规定：

在土地改革期间，为保持土地改革的秩序及保护人民的财富，应由乡村农民大会或其委员会指定人员，经过一定手续，采取必要措施，负责接收、登记、清理及保管一切转移的土地及财产，防止破坏、损失、浪费及舞弊。农会应禁止任何人为着妨碍公平分配之目的而任意宰杀牲畜，砍伐树木，破坏农具、水利、建筑物、农作物或其他物品，及进行偷窃、强占、私下赠送、隐瞒、埋藏、分散、贩卖这些物品的行为。违者应受人民法庭的审判及处分。

第 15 条规定：

为保证土地改革中一切措施符合绝大多数人民的利益及意志，政府负责切实保障人民的民主权利，保障农民及其代表，有权得在各种会议上自由批评及弹劾各方各级的一切干部，有全权得在各种相当会议上自由撤换及选举政府及农民团体中的一切干部。侵犯上述人民权利者，应受人民法庭的审判及处分。

为了贯彻《中国土地法大纲》的上述规定，陕甘宁边区高等法院于 1947 年发布了《关于人民法庭的工作指示》，内容包括：

各专员、各县长：

人民法庭是保护人民权益及保障土地改革彻底完成的重要的有力工具，同时又是镇压一切破坏或违抗土地改革及侵犯人民民主权利的重要的有力工具。是由群众大会审处理罪犯的形式，提高一步的组织形式，我们必须依照这种精神，根据群众的要求和意见，掌握着这一有力工具，予以坚决执行，我们对于这一工作尚缺少经验，为着各地便于工作进行及有统一的步骤起见，特作如下指示，希各遵照执行为要！①

在《陕甘宁边区高等法院：关于人民法庭的工作指示》中，规定的人民法庭检察员体制，主要内容包括：

（一）检察员由法庭成员兼任

审判委员会的设立是这一时期司法工作的特点，乡审判委员会由选举产生，县审判委员会由县主要领导成员和审判员共同组成。审判委员会是审理案件的法定机构，乡审判委员会由推举产生主审，县审判委员会由县长担任主审。主审之外的法庭工作人员称为陪审，分工上包括审理和检察两个方面。各级审判委员会及各级人民法庭，都应是临时组织的，于土地改革彻底完成后撤销。人民法庭实行各该级农民大会与其代表会的直接领导，以及上级法院的领导。

根据《陕甘宁边区高等法院：关于人民法庭的工作指示》，"人民法庭的产生及其组织领导关系"为：

1. 人民法庭设乡、县两级，乡人民法庭是由各该乡农民大会，或其代表会选出3人或5人及其主管县政府委派2人，组成乡审判委员会，再由乡审判委会互推审判员2人或3人，检察员2人或3人，书记员1人，组成乡人民法庭，并由审判员中间推选一人为主审，其他审判员为陪审。县设县审判委员会，由各该县县长、县委书记、县农会主任、保安科长、

①参见《陕甘宁边区高等法院：关于人民法庭的工作指示》，陕西省档案馆，卷宗号：15－495。

审判员组成，并以该委员会委员组成县人民法庭，以县长为主审，其他委员分任陪审、检察工作，书记员由县长另行指定。

2. 县审判委员会、县人民法庭都应成立起来，乡审判委员会、乡人民法庭不须每乡普遍成立，如有成立必要，应呈报其主管县政府批准，并派人前往协助组织。各级审判委员会及各级人民法庭，都应是临时组织的，于土地改革彻底完成后撤销。

3. 各级人民法庭除受各该级农民大会与其代表会的直接领导外，乡人民法庭并受各该县人民法庭的领导，县人民法庭并受各该分区高等分庭的领导。

（二）检察员的职能主要是检举、控告犯罪

人民法庭受理案件的范围及其权限：

1. 人民法庭受理下列性质的案件：

（1）一切违抗或破坏土地法令，妨碍公平分配而任意宰杀牲畜，砍伐树木，破坏农具、水利、建筑物、农作物或其他物品及进行偷窃、强占、私自赠送、隐瞒、埋藏、分散及贩卖这些物品的犯罪行为，与妨碍接收登记，清理及保管一切转移的土地及财产的犯罪行为。

（2）一切反动地主恶霸的犯罪行为。

（3）一切干部侵犯人民民主权利或贪污渎职等犯罪行为。

2. 乡人民法庭有权执行拘捕、搜索、查封及判处赔偿、当众悔过、劳役（6个月以下），如判处3年以下徒刑时，应呈报各该县人民法庭批准。判处3年以上徒刑时，应呈报各该县人民法庭转呈各该高等分庭批准。判处死刑时，应将案件呈送于各该县人民法庭，由县人民法庭转呈边区高等法院审核，并经边区政府批准。

3. 县人民法庭除受理不服该管乡人民法庭判决的上诉案件外，

有权判决 3 年以下徒刑及批准该管乡人民法庭 3 年以下徒刑的判决，如判处 3 年以上徒刑时，应呈报各该高等分庭批准，判处死刑时，应将案件呈报于边区高等法院审核，并经边区政府批准。

4. 各级人民法庭判处县科员以下（科员在内）及区长以下（区长不在内）干部犯罪时，应经其主管县政府批准，判处县科长以上（科长在内）及区长以上（区长在内）干部犯罪时，应经其主管专员公署批准。不属上列的干部犯罪时，应分别经其主管上级机关批准。

检察员发现犯罪或接受人民告诉、告发后，应及时亲往被告犯罪所在地，召开群众控诉会，搜集被告犯罪事实及有关人证、物证，并加以调查取证、研究、整理、起草起诉书，代表受损害人民的要求，提出处理意见。此项起诉书，须经群众的审查、修改、通过，然后提交人民法庭，在开庭时依照起诉书的内容，口头起诉。

（三）法律监督是检察工作的重要部分

人民法庭审判和执行案件的程序，陕甘宁边区高等法院也作出了明确的规定：检察员的主要职责之一，是监督这些规定的贯彻实施。人民法庭审判和执行的程序包括：

1. 审判。人民法庭接到起诉书时，应即进行审查全案的材料，然后定出开庭日期、审讯地点，并发出通知。开庭时人民可以自由旁听，经审判员的许可，旁听人可以发言。审判员根据起诉书，审讯被告、审查证据，允许被告声辩、提出反证，然后就原被告双方所提材料加以分析研究，如证据尚不充足或有其他怀疑时，应再向群众调查，务须将事实完全弄得清楚。事实清楚后，即召开审判委员会，拟定判决，在宣判之前，应先与有关群众商量，征求群众意见，群众如有疑问，应向其解释清楚，如群众提出反对的意见或有新的材料时，如是正确的，应当接受再行开庭。审判委员会应将原始判决加以修改，如是不正确的，也要向群众解释清楚，群众同意后，再行宣判。如被告不服乡人民法庭的判决，他也可以于判决后 5 日内，上诉于该管县人民法庭，但经县人民法庭判决的案件，不准再上诉了，这样自然符合于群众的要求。

2. 执行。经县人民法庭判决后，或经乡人民法庭判决后逾 5 日不上诉者，为确定判决，即可照判决执行，判处劳役和 1 年以下徒刑的罪犯，交当地乡政府执行，判处 1 年以上徒刑的罪犯，交各该县司法处执行，判处死刑的罪犯，在当地执行，执行死刑一律用枪决。执行完毕后的卷宗、证据，除应发还者外，应交各该县司法处存档。

各级人民法庭绝对禁止肉刑。人民法庭的职员应公正无私，如有徇私舞弊，违法失职者，各级农会或其他代表会，对各该级人民法庭职员得罢免，另行改选，情节重大的，交人民法庭审判。

乡人民法庭执行拘捕、搜索、查封、押解罪犯，维持法庭秩序或其他任务时，应通知当地乡政府，派自卫军协助，县人民法庭执行此项任务时，得命各该县警卫队协助。

人民法庭在土地改革中发挥作用的情形，1949 年 7 月 27 日《边区人民法院司法工作总结报告》，进行了总结。[1] 认为：

人民法庭是群众经过共产党的宣传教育，政治觉悟提高后，并在司法机关领导下，由群众选出陪审的一种最富于群众性的斗争形式。诉苦就是控告，就是审判，同时诉苦的人有权提出处理意见，也是审判的人。因此，这种法庭，无论在组织上或审判方式上，都充分表现了控告和审判结合精神，它是群众斗争中有组织性也更有力量的斗争

---

[1] 参见《陕甘宁边区高等法院：边区人民法院司法工作总结报告》，陕西省档案馆，卷宗号：15－213。

形式，它是久被统治的阶级刚登上统治舞台，农民刚刚翻身时，在政治上自己解放自己的斗争形式。这种斗争形式要建立在广大群众政治觉悟的基础上，而经过这样的斗争，又能使群众把原有的政治觉悟，与法治观点更提高一步。所以，人民法庭是新翻身阶级保护自己、镇压敌人的有力武器，是自我教育的伟大创造。司法机关和行政机关要给群众撑腰，又要去具体地领导，否则是易产生"左"的偏向的，土地运动中已证明了这点。

但是，在司法档案中，有关县司法处工作的总结报告中，并没有反映人民法庭审理案件的情况。边区人民法庭检察员体制中，检察职能如何行使，缺乏具体案例的考证。

总之，司法实践中，法律的规定与具体的检察实践，存在着一定的距离：1939年4月4日，陕甘宁边区公布了《陕甘宁边区高等法院组织条例》，虽然表面上承认国民政府最高法院的存在，"总则"第2条规定："边区高等法院受中央最高法院之管辖，边区参议会之监督，边区政府之领导。"但是，陕甘宁边区高等法院早已通过对黄克功案的审理，确立了陕甘宁边区高等法院的终审职能。① 在陕甘宁

---

① "边区高等法院在机构设置及程序上，已逐渐与国民政府的体制靠近，所以，本案的审理首先要确定边区高等法院自己是否具有独立的和最终的司法管辖权。如上所述，边区高等法院的成立，是为了与国民政府的司法体制衔接，并称将遵行南京国民政府颁行之一切不妨碍统一战线的各种法令章程。国民政府实行的是三级三审制，如果承认边区高等法院的上诉机关是国民政府最高法院，案件的最终审理可能经过数月甚至数年。中国正在进行的民族抗战的客观需要以及中国社会的风土民情，要求公正在最短的时间内实现。如果黄克功案所涉及的一些敏感问题不能在最短的时间内得到解决和回答，必然造成人们思想上的混乱，影响中国共产党统治的根基。边区高等法院借助对黄克功案的审理，试图确立自己与国民政府最高法院互不隶属的关系，最终决定对黄克功案实行终审管辖权。边区高等法院对黄克功案的终审权，意味着边区虽然名义上是国民政府的特区，正如政权独立于国民政府一样，边区司法体系也是独立的。"相关的研究，参见汪世荣、刘全娥、王吉德等：《新中国司法制度的基石》，商务印书馆2011年版，第144页。

边区高等法院的领导下，先后建立了最低层级的县司法处审判机构、地方法院审判机构，建立了便利当事人上诉的高等法院分庭，曾经一度在陕甘宁边区政府设立了最高审判机构的三审机构"边区政府审判委员会"。所有这些司法机构的改革，都发生在不同历史环境、条件和政治背景之下，检察制度建设，不能不受司法改革的影响。

检察实践表现出来的是灵活性、多样性的面向，根据案件情节决定刑罚的严重程度、根据审级的不同状况、根据被告人身份差异，检察职能的履行呈现出了不同的模式。如果说将独立的检察员设置作为衡量检察制度是否建立的标志，那么，在县司法处一审程序中，独立的检察员的设置，一直是陕甘宁边区所追求的方向。但是，边区政府在高等法院这一审级，基本建立了独立的检察机关，由专职的检察人员履行检察职责。

在边区高等法院存在的 13 年中，边区高等法院在一半以上的时间，设立有独立的检察人员。相反，在县司法处这一审级，情况就有了不同，大部分时间没有能够设立独立的检察员，检察职能的履行依托于公安机关、保安机关、群众团体、有关机关单位或者直接由审判人员代为履行检察职能。

第二章

检察制度相关立法比较研究

陕甘宁边区检察制度在建立和发展过程中,制度本身的完善起了关键作用。从陕甘宁边区政府十三年的发展历史看,检察制度立法,经过了从综合立法到专门立法的发展过程,即检察制度立法最初包含在 1939 年 4 月制定的《陕甘宁边区高等法院组织条例》中。至 1946 年 10 月,陕甘宁边区颁布了专门的检察立法,即《陕甘宁边区暂行检察条例》,标志着检察立法取得了重大的进步。与苏维埃工农民主政权时期的检察立法、民国政府检察立法、苏联检察立法等进行比较发现,陕甘宁边区检察立法中检察员的独立性强,呈现出了鲜明的特点。

一、检察制度相关立法概述

陕甘宁边区与检察制度相关的立法主要是一部宪法原则、二项条例、一个命令。一部宪法原则是 1946 年 4 月制定的《陕甘宁边区宪法原则》，二项条例分别是 1939 年 4 月制定的《陕甘宁边区高等法院组织条例》和 1946 年 10 月制定的《陕甘宁边区暂行检察条例》，一个命令是 1946 年 10 月颁布的《陕甘宁边区政府命令——健全检察制度的有关决定》。

《陕甘宁边区宪法原则》（以下简称《宪法原则》）是陕甘宁边区第三届参议会第一次大会制定的具有根本法性质的法律文件，《宪法原则》虽然没有检察制度的具体规定，但是在第三部分中确立了"各级司法机关独立行使职权，除服从法律外，不受任何干涉"的原则。边区检察权的配置和运行应当遵循这一原则。

陕甘宁边区初期实行审检合署，在法院内设检察处，配备检察人员。因此，这一时期检察制度的内容主要体现在《陕甘宁边区高等法院组织条例》（以下简称《高等法院组织条例》）中。《高等法院组织条例》设专章规定了检察处的设立、检察长和检察员的职权等内容，是这一时期检察权运行的主要法律依据。

《陕甘宁边区暂行检察条例》（以下简称《检察条例》）是人民检察历史上第一个关于检察制度的单行法规，在人民检察史上具有重要意义。《检察条例》详细地规定了检察机构的组织、检察职权的范围、运行程序等内容，相当于陕甘宁边区的"检察院组织法"。

《陕甘宁边区政府命令——健全检察制度的有关决定》（以下简称《决定》）是陕甘宁边区第三届参议会第一次大会通过健全检察制

度议案后，边区人民政府发布的命令，该命令和《检察条例》同一天公布，《决定》对检察机关的组织、领导关系和职权作了进一步的规定，是边区检察制度的重要组成部分。

《决定》和《检察条例》颁布后，边区高等检察处和高等检察分处成立，任命了检察长并配置了检察员。检察处成立后处理了一批案件。

总体上看，陕甘宁检察制度的相关立法在特定的政治、军事形势下，伴随着司法实践，经历了从简单到丰富的过程，为新中国检察制度的发展奠定了历史基础。

二、检察制度的立法设计

（一）检察机关的设置及领导关系

《高等法院组织条例》和《检察条例》均规定了审检合署的检察机关设置模式。《高等法院组织条例》第7条规定"高等法院设置下列各部门：（一）检察处"，第12条规定："高等法院检察处，设检察长及检察员，独立行使其检察权。"《检察条例》第2条规定："高等法院配置高等检察处，设检察长一人，检察员若干人，书记员若干人，视事之繁简定之"，第3条到第5条规定了高等法院分庭和地方法院设检察员和书记员的内容。从中可以看出，陕甘宁边区检察立法并没有设置独立的检察机关，而是将其作为法院的一个部门。在此情况下，检察处内部就没有再设立机构，直接由检察员和书记员组成。《决定》进一步对各级检察处的人员组成作了规定，高等检察处，设检察长1人，检察员2人，主任书记员1人，书记员2人。高等检察分处设检察员1人，书记员1人。各县市检察处设检察员1人，书记员1人。小县则设检察员1人。

检察处作为一个部门设立在法院之中并不意味着检察处受法院领导。《高等法院组织条例》明确规定检察长及检察员独立行使其检察权。《检察条例》第四章专章规定了检察人员之间的领导关系。第14条规定："在全国和平统一未实行前，高等检察长由边区政府领导之。"这实质将检察权归入行政权的范畴。第11条规定："高等检察长，领导全边区各级检察员。"

与法院的管辖不同，《高等法院组织条例》规定："边区高等法院受中央最高法院之管辖，边区参议会之监督，边区政府之领导。"这说明，边区高等法院和中央最高法院具有名义上的管辖关系，而检察人员与国民政府最高法院检察署之间没有任何领导和管辖关系。

对于检察人员内部的领导关系，《检察条例》规定：高等检察长，领导全边区各级检察员。高等分庭检察员领导所属各县检察员。地方法院首席检察员领导该院检察员。《决定》进一步明确，高等检察处受边区政府之领导，独立行使职权。各高等检察处及县（市）检察处均直接受高等检察长之领导。这说明各级检察人员不受地方领导，在检察人员内部之间是垂直领导关系。

从领导权的内容看，《检察条例》第15条规定："有领导权者，对于被领导人员，得为下列处分：1. 得发命令促其对于职务上事项之注意。2. 对于废弛职务者，侵越权限，或行为不检者，得警告之。3. 前两款情节较重，或经警告不悛者，得提付惩戒。"

（二）检察职权的范围

《高等法院组织条例》将检察职权分为两个部分，一是检察长的职权，二是检察员的职权。检察长的职权是：

1. 执行检察任务；

2. 指挥并监督检察员之工作；

3. 处理检察员之一切事务；

4. 分配并督促检察案件之进行；

5. 决定案件之裁定或公诉。

从检察长职权的内容看，主要侧重检察长对内部的指挥权，而检察员的职权则反映了检察权的具体范围。检察员职权共分为 8 项，包括：

1. 关于案件之侦查；

2. 关于案件之裁定；

3. 关于证据之搜集；

4. 提起公诉，撰拟公诉书；

5. 协助担当自诉；

6. 为诉讼当事人，或公益代表人；

7. 监督判决之执行；

8. 在执行职务时，如有必要，得咨请当地军警帮助。

可以看出，《高等法院组织条例》规定的检察职权可以分为四大类，第一类是侦查权，第二类是公诉权，第三类是公益诉讼权和协助自诉权，第四类是监督判决执行权。

《检察条例》对检察职权的规定比《高等法院组织条例》更为详细，职权范围也有所变化。《检察条例》将检察职权分为 10 项：

1. 关于刑事法规内之事项；

2. 关于宪法内所定人民权利义务，经济财政及选举等之违反事项；

3. 关于行政法规内所定之惩罚事项；

4. 关于一般民事案件内之有关公益事项，如土地租佃、公营事业、婚姻等；

5. 实施侦查；

6. 提起公诉或提付行政处分；

7. 协助自诉；

8. 担当自诉；

9. 指挥刑事判决之执行；

10. 其他法令所定职务之执行。

与《高等法院组织条例》规定的检察职权范围相比，《检察条例》除保留原侦查权、公诉权、公益诉讼权、协助自诉权并对其内容细化外，主要是增加了监督权的内容，既包括对违反宪法行为之监督，还包括对违反行政法行为之监督。另外将原监督判决之执行改变为指挥刑事判决之执行，这一变化有两个方面的含义，一是在刑事判决方面，检察人员由监督者变为执行者；二是原监督判决之执行包括监督刑事判决和民事判决，改变后的规定使得检察人员监督民事判决之执行没有了法律依据。

《决定》规定了各级检察机关之职务，包括：

1. 关于一切破坏民主政权，侵犯人民权利的违法行为的检举；

2. 关于各级公务人员触犯行政法规的检举；

3. 关于违反政策之事项（如违反租佃条例）的检举。

以上 3 项的检察结果，是属于违反法律的，即向各同级法庭提起公诉；是属于行政处分的，即呈送边区政府核办。

从《决定》规定的内容看，首先是规定的各级检察机关之职务而不是检察人员的职权，说明将各级检察处视为一个独立的机关，由其行使职权而不是由检察人员独立行使职权。其次，《决定》更加强调了检察机关的监督权，并赋予了其移送行政处分的权力。从陕甘宁边区检察立法对检察权的规定变化看，一方面检察职权呈扩张趋势，另一方面呈现了越来越突出的监督权的色彩。

（三）检察权运行的程序

关于检察权的运行程序，主要体现在《检察条例》中，《检察条例》设专章规定了执行检察职务之程序，将检察权运行程序分为四大类。第一类刑事诉讼程序；第二类违反宪法、行政法监督程序；第三类民事公益诉讼程序；第四类协助自诉程序和担当自诉程序。

1. 对于办理刑事法规内之事项，其办理程序如：传唤、拘提、勘验等，适用一般刑事诉讼之程序。

2. 对于违反宪法、行政法事项，其办理程序为：

（1）检阅有关机关之文书、簿记、证物。

（2）与有关人接谈，制作接谈笔录，由被接谈人签名或盖章。

（3）检察完毕，认为有涉及刑事范围者，按照一般刑事诉讼程序办理。

（4）如认有提付行政处分之必要者，检察员作成意见书，连同文卷、证物送高等检察长查核。

（5）高等检察长接受检察员提付行政处分事件之意见书后，应加审核，如认为成立者，将意见书连同文卷、证物，呈送边区政府核办。

3. 对于一般民事案件中之有关公益事项，其办理程序为：

（1）土豪恶霸，欺压佃农，逾额收租或无理夺佃，佃户畏势不敢声称者，检察员应实施检察。如涉及刑事范围者，按照通常刑事诉讼程序办理，如仅属民事者，按照通常民事诉讼程序办理。

（2）公营企业，垄断、操纵、妨害大众生计，或舞弊贪污，无人声诉者，检察员应实施检察。如涉及刑事范围者，按照通常刑事诉讼程序办理，如涉及行政处分者，检察员作成意见书，连同文卷、证物送高等检察长查核。高等检察长接受检察员提付行政处分事件之意见书后，应加审核，如认为成立者，将意见书连同文卷、证物，呈送边区政府核办。

4. 协助自诉程序为：

（1）当事人声明自行直接向法院自诉之案，检察员对于该案如未着手侦查，或在侦查中尚未完结，（若）有自诉时，应即停止侦查，如已侦查完毕，当事人不得自诉。

（2）法院办理自诉案件，应通知检察员，莅庭，陈述意见，检察员得检阅案卷证物。检察员陈述意见，书面口头均得为之。

5. 担当自诉之程序为：

（1）刑事自诉案件，法庭因自诉人传不到庭，或未经允许退庭者，以及自诉人在诉讼进行中死亡，或丧失诉讼能力者，法院认为必要时，得通知检察员担当诉讼；

（2）民事案件，受不利益人，畏势不敢声称者，检察员担当诉讼；

（3）检察员担当诉讼时，执行在审判中所得为之诉讼行为。

由于刑事诉讼自成体系，《检察条例》对检察员参与刑事诉讼程序只作了一般规定。但是对于检察员参与民事公益诉讼和协助自诉、担当自诉则作了比较详细的规定，同时对于检察员行使监督权的程序也进行了规范，使得这些检察职权的运行有了操作规范，为检察权的实现提供了保障。

三、检察立法比较

陕甘宁边区政府一方面名义上接受国民政府的领导，另一方面，中国共产党作为共产国际的一个支部，边区政府与苏联在意识形态、政权建设等方面又存在着密切联系。因此陕甘宁边区检察立法必然会受到国民政府检察立法和苏联检察立法的影响。

（一）陕甘宁边区检察立法与国民政府检察立法的比较

陕甘宁边区检察立法与国民政府检察立法有许多相似之处。首先，从检察机关的设置看，都采取了审检合署的形式。1927年8月，国民政府颁布《裁撤各级检察厅并改定检察长名称令》，在各级法院内设检察官，行使检察权。1928年11月制定的《最高法院组织法》规定：最高法院配置检察署，检察署置检察长一人指挥监督并分配该管检察事务，设检察官7人至9人，处理关于检察之一切事务。《各省高等法院检察官办事权限暂行条例》和《地方法院检察官办事权限暂行条例》都规定了在法院内配置检察官。其次，从检察官之间的内部关系看，国民政府检察立法也确立的是：检察长（首席检察官）指挥本院检察官，高等法院首席检察官归最高法院首席检察官指挥监督，而地方法院首席检察官归最高法院首席检察官及高等法院首席检察官指挥监督。这就在检察官内部建立了一体化的垂直领导关系。最后，从检察职权看，《各省高等法院检察官办事权限暂行条例》和《地方法院检察官办事权限暂行条例》规定的检察官职权为："1. 刑事：依照刑事诉讼法规及其他法令所定，实行搜查处分、提起公诉、实行公诉并监察判决之执行；2. 民事及其他事件：依照民事诉讼法规及其他法令所定为诉讼当事人或公益代表人实行特定事宜。"从上述内容看，陕甘宁边区检察立法，基本参照了国民政府检察立法体制，检察职能主要是参与刑事诉讼和民事诉讼，履行侦查、起诉、支持公诉、法律监督等职责。

陕甘宁边区检察立法与国民政府检察立法存在相似之处的原因不仅在于边区政府名义上接受国民政府的领导，还在于，尽管两者在意识形态和指导思想方面截然不同，但两者均受中华法系的历史传统特别是清末以来司法变革的影响。而陕甘宁边区检察立法的参与者如李木庵等人与国民政府检察立法的参与者，也有较为近似的专业背景。而且，检察立法的契机是国共合作。陕甘宁边区将检察处定位为"高等检察处"，也与陕甘宁边区的省级建置相匹配，形式上保持了国民政府的最高领导权。

但陕甘宁边区检察立法与国民政府检察立法也存在着明显不同。主要表现在检察职能方面，陕甘宁边区检察职能除参与刑事诉讼和民事诉讼外，还承担着一般监督的职能，即对违反宪法、行政法及政策之行为进行监督。这是国民政府检察立法所不具备的。

（二）陕甘宁边区检察立法与苏联检察立法的比较

首先，从检察机关的设置看，苏联经历了从审检合署到检察机关独立设置的演变。依照 1923 年 11 月 23 日颁布的《苏维埃社会主义共和国联盟最高法院条例》的规定，1924 年成立了苏联最高法院检察院。1933 年 6 月 20 日，苏联中央执行委员会和人民委员会共同颁布了《关于革命法制的决议》。依照该决议的规定，撤销苏联最高法院检察院，建立一个独立的苏联检察院。1936 年苏联宪法第九章"法院和检察机关"，确认了苏联检察机关体系的集中统一原则、独立行使职能不受任何地方国家机关干涉原则等。①

其次，从检察机关之间的关系看，苏联建立了检察机关自上而下

---

①参见刘向文：《谈俄罗斯联邦检察制度的历史发展》，载《俄罗斯中亚东欧研究》2008 年第 6 期。

的垂直领导体制。关于检察领导体制问题，列宁认为，检察机关的问题是"重要的法制问题"，针对检察机关设立之际双重领导体制的观点主张，他在给中央政治局《论"双重"领导和法制》的信中，阐明了苏维埃检察机关实行自上而下的中央垂直领导的目的：是为了通过苏维埃检察权的行使，实现苏维埃法制的统一。根据列宁的《论"双重"领导和法制》一文所阐发的关于苏维埃检察机关的性质、职能、任务、组织原则和领导体制，1922 年 5 月 28 日，全俄中央执行委员会第三次会议作出决议，通过以列宁法律监督理论为指导的《检察监督条例》。[1] 1936 年 7 月 20 日，苏联中央执行委员会和苏联人民委员会联合颁布了《关于组建联盟共和国性质的苏联司法人民委员部决议》。该决议规定，各加盟共和国和自治共和国的检察机关，从相应加盟共和国和自治共和国的司法人民委员部中划分出来，直接隶属于苏联检察长。[2]

最后，从检察职权看，在列宁法律监督思想的指导下，苏联检察立法更加突出了法律监督的内容。1922 年 5 月 28 日，全俄中央执行委员会通过了《俄罗斯社会主义联邦苏维埃共和国检察机关条例》，该条例第 2 条规定了苏俄检察机关的职权范围：（1）以国家的名义对一切国家权力机关、经济机构、社会组织、私人组织和个人的行为是否合法实施监督。其途径是对犯罪者提起刑事追诉，对违法的决议提出异议。（2）对侦查机关揭露犯罪的活动实施直接监督，对国家政治局各级机关的活动实施直接监督。（3）在法庭上支持公

---

[1] 参见王建国：《列宁的检察权思想理论及其对当代中国的影响》，载《湖北社会科学》2009 年第 6 期。
[2] 参见刘向文：《谈俄罗斯联邦检察制度的历史发展》，载《俄罗斯中亚东欧研究》2008 年第 6 期。

诉。（4）对是否正确监禁被羁押者实施监督。① 从中我们可以看出，苏联检察机关的法律监督权比陕甘宁边区检察权中的监督权范围要广泛得多。

（三）陕甘宁边区检察立法与中华苏维埃共和国检察立法比较

1931 年中华苏维埃共和国成立后，颁布了一系列与检察制度相关的立法，主要有：《中华苏维埃共和国宪法大纲》、《中华苏维埃共和国中央苏维埃组织法》、《工农检察部的组织条例》等，根据这些立法，中华苏维埃共和国先后成立了中央工农检察人民委员部、国家政治保卫局检察科、军事检察所等机构。最高法院和各级裁判部内设检察长、检察员。这些共同组成了中央苏区检察机关的体系。

从机构设置和各级工农检察部是各级苏维埃政府的组成机构，受各级政府的领导，同时接受上级工农检察部的命令。国家政治保卫局检察科作为一个部门受保卫局领导，但其办理的案件，受各级法院检察员的检察。军事检察所是红军中的检察机关，各级军事检察所之间无隶属关系。各级裁判部检察人员分别接受同级裁判部负责人的领导。

从职权范围看，各级工农检察部主要行使一般监督权，《工农检察部的组织条例》第 5 条规定：“工农检察部的任务，是监督着国家企业和机关及有国家资本在内的企业和合作社企业等，要那些企业和机关，坚决地站在工人、雇农、贫农、中农、城市贫苦劳动群众的利益上，执行苏维埃的劳动法令、土地法令及其他一切革命法令，要适应某阶段的革命性质、正确地执行苏维埃的各种政策。”工农检察部发现行贿、浪费公款、贪污等犯罪，有权报告法院，以便施行法律上的

---

① 参见刘向文、王圭宇：《俄罗斯联邦检察机关的“一般监督”职能及其对我国的启示》，载《行政法学研究》2012 年第 1 期。

检察和裁判。政治保卫局检察科行使对反革命案件的检察职能。军事检察所主要行使军事案件的检察。各级裁判部的检察人员行使逮捕、预审、提起公诉等检察职能。

与陕甘宁边区检察制度相比，中华苏维埃共和国的检察权比较分散，由不同机构共同行使检察权。不同机构的组织原则也不尽相同。但中华苏维埃共和国的检察立法对陕甘宁边区检察制度也产生了影响。如工农检察部的一般监督权在陕甘宁检察制度中得以保留，由各级检察处行使。在法院下设检察人员的制度也延续在陕甘宁边区检察制度中。

（四）陕甘宁边区检察立法与其他革命根据地的检察立法比较

抗日战争和解放战争时期，晋察冀、晋冀鲁豫、山东等抗日根据地和东北解放区也建立起了检察机构。

晋察冀边区在各级法院内设首席检察官和检察官，县司法处设检察官由县长兼任。高等法院首席检察官监督全边区的检察官。检察官的职权主要是实施侦查、提起公诉、协助自诉、实行公诉、担当自诉及指挥刑事裁判之执行。其中，检察职权与国民政府《法院组织法》规定的检察官职权基本相同，而由地方行政长官兼任检察官的制度与陕甘宁边区检察制度明显不同。

晋冀鲁豫边区在高等法院下设检察处，检察长指挥并监督检察员工作，检察职权主要是：侦查、公诉、担当自诉、监督判决的执行等。在解放战争时期，晋冀鲁豫边区实行由公安机关代行检察职权。

山东抗日根据地在高级审判处及其分处、地方法院中设置检察官，检察职权除侦查、公诉、担当自诉等以外，还有检举贪污渎职及其他违法失职之工作人员的职权。山东抗日根据地检察制度的一大贡献是建立了检察委员会制度。1941 年制定的山东省《各级检察委员会组织条例》对检察委员会的组织、人员、职权等作了规定。

东北解放区在各级法院内设检察员，行使侦查、提起公诉、协助自诉、指挥裁判的执行等职权。各级司法组织的检察员由同级公安局长或其他公安负责人担任。[①]

（五）陕甘宁边区检察立法与新中国检察立法比较

陕甘宁边区的检察立法不仅对同时期晋察冀、晋冀鲁豫等边区的检察立法产生影响，作为人民检察立法史上的重要篇章，陕甘宁边区的检察立法对新中国检察制度的发展具有十分深远的影响。

陕甘宁边区检察立法虽然没有对检察机关的性质进行定位，但在检察立法中关于检察职权的规定方面，体现了浓重的法律监督色彩。新中国成立后，继承和发扬了这一法律传统，在《中华人民共和国宪法》和《中华人民共和国人民检察院组织法》中明确规定：检察机关是国家法律监督机关。检察机关的一切职权均围绕着法律监督职能展开。检察机关作为法律监督机关的宪法和法律定位与陕甘宁边区检察立法的优良传统具有密不可分的关系。

目前，我国检察机关上下级之间是双重领导关系，下级检察机关一方面接受上级检察机关的领导，另一方面还要接受当地党委和人大的领导。检察机关上下级之间在业务上的领导关系与陕甘宁边区检察机关上下级之间的领导关系，具有相同之处。

在具体的检察职能方面，新中国的检察机关除承继了陕甘宁边区检察机关的主要检察职能如提起公诉、监督判决执行等以外。检察机

[①] 参见孙谦主编：《人民检察制度的历史变迁》，中国检察出版社 2009 年版，第 103～116 页。

关侦查职务犯罪成为一大职能。而检察机关参与民事、行政诉讼，提起公益诉讼，不仅是当前多数国家的制度选择，更是我国检察机关作为国家法律监督机关的本质要求，为履行法律监督职能，检察机关作为民事、行政公益诉讼主体是应有之义。遗憾的是，在我国民事诉讼、行政诉讼的制度改革中，检察机关参与民事、行政公益诉讼问题始终未能得到解决。虽然，2012 年修正的民事诉讼法规定了公益诉讼的内容，但是仍然没有明确检察机关作为公益诉讼的主体。与陕甘宁边区检察立法相比，这不能不说是一个遗憾。陕甘宁边区检察立法中关于检察机关提起公益诉讼的规定，应当成为构建我国公益诉讼制度的一个重要参考。

人民检察

第三章

普通刑事案件中的检察运行

普通刑事案件即传统类型的刑事案件,包括杀人、放火、抢劫、强奸、盗窃、诈骗,等等。与普通刑事案件相对应的,是政治类刑事案件。陕甘宁边区检察机关对重大的普通刑事案件的检察职能包括:侦查、起诉或不起诉处分、出庭公诉、法律监督等。普通刑事案件与政治类刑事案件的区别,是陕甘宁边区刑法的显著特征之一。综合分析现有史料,我们认为"黄克功杀人案"较为详细地呈现了检察机关对普通刑事案件的侦查、起诉及出庭支持公诉等职能实现情况;"李万春过失杀人案"则较为详细地呈现了检察机关对于普通刑事案件的侦查和不予起诉处分等职能实现情况;"宁三妨害风化案"则较为详细地呈现了检察机关对于普通刑事案件法律监督职能的实现情况。

一、普通刑事案件检察职能的发展沿革

检察机关介入普通刑事案件的发展沿革，王桂五先生在其主编的《中华人民共和国检察制度研究》一书中认为，中华人民共和国成立前的人民检察制度，可划分为三个时期：第一阶段系第一次国内革命战争时期（1927～1937 年）；第二阶段系抗日战争时期（1938～1945 年）；第三阶段系解放战争时期（1946～1949 年）。

在第一阶段，检察机关的基本职责是"诉追犯罪、司法监督"。并进一步指出"检察机关的任务是管理刑事案件的预审、提起公诉和出庭支持公诉。案件经过两审后，检察员若有不同意见时，还可提出抗诉。"①

在此阶段后期，即中国共产党和红军经过长征胜利到达陕北后的这一时期，生存问题显得非常紧迫。这一时期，中国共产党和红军面临的首要问题依然是生存问题，由于时间精力所限，无暇顾及法制建设而继续沿用苏维埃时期的立法开展各项工作，符合当时的社会环境。1937 年 5 月 3 日，毛泽东在延安召开的中国共产党全国代表会议上作报告指出，"在为抗日统一战线和统一的民主共和国而斗争的总任务之下，红军和抗日根据地的任务是：（1）使红军适合抗日战争的情况，应即改组为国民革命军，并将军事的、政治的、文化的教育提高一步，造成抗日战争中的模范兵团。（2）根据地改为全国的一个组成部分，实行新条件下的民主制度，重新编制保安部队，肃清汉奸和捣乱分子，造成抗日和民主的模范区。（3）在此区域内实行

①王桂五主编：《中华人民共和国检察制度研究》，法律出版社 1991 年版，第 51 页。

必要的经济建设，改善人民的生活状况。（4）实行必要的文化建设。"① 1937 年 7 月 7 日，卢沟桥事变爆发，9 月 6 日，原陕甘宁革命根据地的苏维埃政府正式改称陕甘宁边区政府。1937 年 7 月 23 日，中华苏维埃共和国中央执行委员会司法部，改组为边区高等法院。

因此，此时的陕甘宁边区检察工作应当是围绕党和红军生存的需要而展开的。根据 1934 年颁布的《中华苏维埃共和国中央苏维埃组织法》"检察机构和检察人员主要负责预审和刑事公诉工作"，② 陕甘宁边区检察机关的职责是"检举违法者，使之受到法律制裁，以维护革命政权"。③ "在检察实践中，主要是对刑事案件进行调查，搜集证据，勘验现场，检举犯罪，出庭公诉等工作。"④

在第二阶段，检察机关的职能得到了扩展。随着边区立法工作的不断完善，边区检察工作也更加趋于规范。1939 年 4 月公布实施《陕甘宁边区高等法院组织条例》规定，明确规定了检察机关的职权。

1941 年 6 月 4 日，边区高等法院对各县检察员的职权作了如下规定："各县检察员负责调查检验"；"检察员得下令逮捕一切刑事罪犯"；"侦查案件，由检察员负责"；经侦查"如认为罪案成立，即向裁判员提起公诉，如认为罪案不能成立，即将案件裁定撤销"。⑤ 上述规

①毛泽东：《中国共产党在抗日时期的任务》，人民出版社 1953 年版，第 24 页。
②孙谦主编：《人民检察制度的历史变迁》，中国检察出版社 2009 年版，第 371 页。
③汪世荣、刘全娥、王吉德等：《新中国司法制度的基石》，商务印书馆 2011 年版，第 61 页。
④陕西省地方志编纂委员会：《陕西省志·检察志》，陕西人民出版社 2009 年版，第 31 页。
⑤陕西省地方志编纂委员会：《陕西省志·检察志》，陕西人民出版社 2009 年版，第 34 页。

定，采用了国民党中央政权的司法检察制度的形式和某些内容。尽管"该制度的法律规定比较简单，而且在实际贯彻中，各县党政机关不太重视"。① 但是，陕甘宁边区检察机关对于陕甘宁边区的发展壮大以及中国革命事业的发展，做出了贡献。

在第三阶段，于 1946 年 10 月 19 日颁布了《陕甘宁边区暂行检察条例》，对检察案件程序、关于宪法内所定之人民权利、义务、经济财政及选举等违法事项、关于行政法规内所定之惩罚事项、关于民事案件中之有关公益事项、关于协助自诉及担当自诉之程序，均作了明确的规定。

陕甘宁边区检察机关对于普通刑事案件的主要职能包括：侦查犯罪、裁定案件，决定是否提起公诉、指控犯罪、法律监督等方面。据史料统计：从 1937 年 8 月到 1941 年，边区共发生各类刑事案件 6759件，其中汉奸、土匪、破坏军队、破坏边区政权等政治类的犯罪占总数的 22%。② 由此可见，普通刑事案件所占比重约为 78%，在检察工作中占有极大的比重。故此，分析普通刑事案件中的检察权运行对于研究陕甘宁边区检察制度具有十分重要的意义。

二、普通刑事案件检察职能的主要内容

（一）侦查犯罪

侦查犯罪是陕甘宁边区检察工作重要的组成部分之一。当然，侦

---

① 张培田、张华：《近现代中国审判检察制度的演变》，中国政法大学出版社 2004 年版，第 289 页。

② 参见延安市中级人民法院审判志编委会：《延安地区审判志》，陕西人民出版社 2002 年版，第 82 页。

查犯罪的工作并非只由检察机关行使，"凡属于汉奸、盗匪、间谍、暗害分子等政治性案件的侦查和起诉，由保安机关或公安机关行使"①。按照原苏维埃时期制定的《裁判部的暂行组织及裁判条例》，"一切案件的预审由检察员管理，同时检察员对于一切违法行为都有检察权；而经过检察员预审的案件，只有检察员发觉有犯罪的事实和证据，才能转交法庭审判。"② 在此制度规定之下，侦查工作就成为检察工作十分重要的组成部分，成为检察机关介入刑事案件的第一个环节。陕甘宁边区时期的侦查犯罪工作包含"侦查"和"预审"两个部分，侦查是预审的前奏和基础，预审是侦查的拓展和延伸。二者是侦查阶段紧密相连的两个不同环节，是并列关系，而非包含或从属关系。

首先，侦查是陕甘宁边区检察机关通过专门的技术手段、侦查措施对刑事案件进行调查的专门活动以及相关的强制性措施。在此，我们通过分析当时检察机关侦破案件的相关文献对侦查工作加以佐证。

其次，预审是通过讯问犯罪嫌疑人和调查研究以查明案件事实真相并为检察机关起诉作预备性审查的活动。由于司法资源匮乏，本该由检察员主持的预审，在很多情况下是由保安机关代为履行职责的。预审的目的在于：在掌握案件大致情况的基础上，通过讯问犯罪嫌疑人，对案件是否需要提起公诉作出初步的判断。

最后，侦查活动中最主要的任务是搜集证据。搜集证据的根本目的在于客观判断案件事实，为检察机关裁定案件（作出起诉或者不起诉决定）提供依据。换句话，也可以说是为了揭露和指控犯罪，

---

① 汪世荣、刘全娥、王吉德等：《新中国司法制度的基石》，商务印书馆 2011 年版，第 61 页。

② 孙谦主编：《人民检察制度的历史变迁》，中国检察出版社 2009 年版，第 370 页。

保证无罪的人不受刑事追究。史料表明："检察机关自清末建立起，就依法负有侦查职权。凡检察机关提起公诉之刑事案件，均由检察机关调查犯罪事实，搜集证据。"①

（二）裁定案件，决定是否提起公诉

提起并支持公诉是陕甘宁边区检察工作重要的组成部分之一。侦查活动结束后，需要裁定案件。裁定案件是决定案件是否提起公诉的重要工作，依据陕甘宁边区法律制度，该项工作只能由检察机关依法行使。裁定案件是在侦查终结后，依据事实和法律作出关于案件进程的决定：起诉或免予起诉等。即"如认为罪案成立，即向裁判员提起公诉，如认为罪案不能成立，即将案件裁定撤销。"②侦查终结后，检察官依侦查中所获证据，认为能够认定被告有犯罪嫌疑时，制作起诉书，向审判机关提起公诉。检察官认为有下列情形之一者可不予起诉："（1）起诉权已消失者；（2）犯罪嫌疑不足者；（3）法律规定应免除者；（4）对被告无审判权者。"③ 不起诉决定书公开宣布，并交被告和他所在单位。如果被告在押，则应立即释放。因此，对于案件作出起诉或者不起诉决定，都是以国家检察员个人名义作出，并以裁定案件的具体方式表现出来。裁定案件是案件侦查终结后，检察机关履行的一项十分重要的职权，在陕甘宁边区检察工作中十分普遍。

---

① 陕西省地方志编纂委员会：《陕西省志·检察志》，陕西人民出版社 2009 年版，第 14 页。

② 陕西省地方志编纂委员会：《陕西省志·检察志》，陕西人民出版社 2009 年版，第 34 页。

③ 陕西省地方志编纂委员会：《陕西省志·检察志》，陕西人民出版社 2009 年版，第 21 页。

（三）指控犯罪

指控犯罪，亦称刑事公诉，是指国家检察机关代表国家依法对于刑事被告人提出控告，通过法庭审判揭露和证实犯罪，请求国家审判机关对被告人处以刑罚的专门活动。案件侦查终结后，检察官依侦查中所获证据，能够认定被告有犯罪嫌疑者，制作起诉书，向审判机关提起公诉。

在审判机关审理公诉刑事案件和需要检察官担当自诉的刑事案件时，陕甘宁边区检察机关均须委派检察官出庭执行职务。出庭前检察官需要做好出庭准备，熟悉案情和有关法条；准备好起诉要点书稿和答辩提纲。

开庭审理时，出庭检察官需要陈述起诉要点，对犯罪证据进行调查，并依据事实和法律与律师、被告开展法庭辩论。"公诉权是世界各国检察机关享有的最具共性的职权"①，也是陕甘宁边区检察机关最主要的工作职责之一。史料表明，陕甘宁边区检察机关通过撰拟公诉书、出庭支持公诉等方式履行着指控犯罪的工作职责。

（四）法律监督

法律监督是指检察机关依法对审判机关的活动是否合法所实行的监督。民国时期法律规定："检察官和当事人对审判机关判决不服可提起上诉。检察官对于刑事案件在莅庭执行职务中有监督审判之职责。纠正违误的法律手段主要是提起上诉或非常上诉。检察官接到法院判决后，即进行审核，如认为原判决在认定事实与适用法律上有违误以及程序上有纰漏者，可提起上诉，如法定上诉时限已超过，检察

---

① 朱孝清、张智辉主编：《检察学》，中国检察出版社2010年版，第375页。

官发现判决确属违误者，可填具意见书，将该案卷宗及犯罪证据呈送最高检察机关，申请非常上诉，以纠正违误。"① 而按照并"遵行南京政府颁行之不妨碍统一战线的各种法令章程"②的原则，上述法律规定在陕甘宁边区是有效的法律。1937 年 2 月 22 日陕甘宁边区颁布的"中央司法部训令第二号"第 2 条规定："关于刑事案件的执行，应有各级国家检察员指挥，死刑的执行，必须由国家检察员呈送卷判及证物件来部审核，经本部核准后方得执行。"③ 到了 1939 年 4 月陕甘宁边区颁布的《陕甘宁边区高等法院组织条例》第 14 条关于检察员之职权明确规定"监督判决执行之权"④，这些规定大概就是检察机关监督判决执行的法律渊源。

三、黄克功杀人案的侦查、起诉及出庭支持公诉

该案的材料收集在《陕甘宁边区高等法院：毛主席、边区高等法院关于判决黄克功因逼婚未遂、枪杀刘茜案的材料》之中，卷宗号为陕西省档案馆，全宗 15 – 543，案件材料共计 94 页，主要内容包括：

1. 黄克功刑事判决书，第 1 ~ 16 页；

2. 点名单，1937 年 10 月 11 日，第 17 页；

---

① 陕西省地方志编纂委员会：《陕西省志·检察志》，陕西人民出版社 2009 年版，第 23 ~ 24 页。

② 《中央司法部改为陕甘宁边区高等法院》，参见西北五省区编纂领导小组、中央档案馆：《陕甘宁抗日民主根据地·文献卷》（上），中共党史资料出版社 1990 年版，第 207 页。

③ 《中央司法部训令第二号》（1937 年 2 月 22 日），参见延安市中级人民法院审判志编委会：《延安地区审判志》，陕西人民出版社 2002 年版，第 313 页。

④ 陕西省地方志编纂委员会：《陕西省志·检察志》，陕西人民出版社 2009 年版，第 34 页。

3. 凶犯黄克功枪杀刘茜的罪状的布告，1937 年 10 月 11 日，第 18 页；

4. 黄克功公诉书，第 19 ~ 29 页；

5. 刘茜验伤单，第 30 ~ 31 页；

6. 黄克功陈述书，1937 年 10 月 9 日，第 32 ~ 42 页；

7. 陈永捷谈话，第 43 页；

8. 董铁凤谈话，1937 年 10 月 6 日，第 44 ~ 45 页；

9. 黄克功公审笔录，第 46 ~ 73 页；

10. 毛泽东：毛主席给雷经天的信，1937 年 10 月 10 日，第 74 ~ 79 页；

11. 宣布凶犯黄克功枪杀刘茜的罪状布告，1937 年 10 月 11 日，第 80 页；

12. 黄泽雷：黄克功欠他的财产钱给雷庭长的函，1937 年 10 月 22 日，第 81 ~ 82 页；

13. 马上要刘茜遗书给理卿同志的函，1937 年 8 月 9 日，第 83 页；

14. 黄克功手枪检查情况给雷庭长的函，第 84 页；

15. 刘茜的简历，第 85 页；

16. 收到手枪给保卫局的函件，1937 年 10 月 10 日，第 86 页；

17. 来往信件，第 87 ~ 92 页；

18. 证人名单，第 93 页；

19. 举行公审大会的通知，第 94 页。

检察机关参与黄克功案，履行检察职能的主要活动包括：

（一）黄克功犯罪行为的侦查

该案发现之初，有人报告，"沙滩路旁横卧公学女生刘茜死尸"，检察机关即开展了相关的侦查工作：

1. 现场勘查。"当即派人员驰赴检查"，发现案发现场"刘茜身中两枪，头部、腰部各一，腰部子弹未出，路旁遗弃手枪子弹壳二粒，子弹头一颗"。

2. 询问证人。在对徐松林、黄志勇、董铁凤、肖赤、张海如、大小东门哨兵等证人进行询问后，便得出初步的判断，即"黄克功有枪杀刘茜之严重事实和嫌疑"。

3. 技术鉴定。委托抗大教员王智涛到抗大检查了黄克功的手枪，并发现"不但子弹口径相同，而且在枪筒内还有新打过子弹的淡烟灰色，虽经搽洗，犹有遗迹可凭"。①在此基础上，初步推断"昨晚之枪杀案者，实系黄克功之手枪无疑义了"。

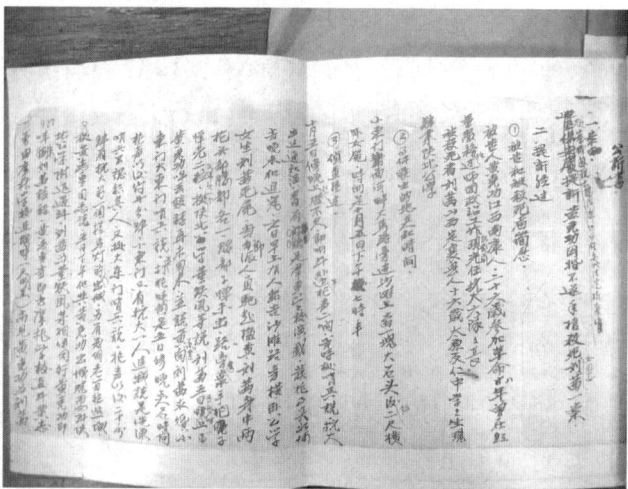

▲ 黄克功杀人案之公诉书（卷宗号：15-543）

侦查过程中收集的证据包括：

1. 核实枪响的时间。史料显示："十月五日傍晚上点灯不久，即听到外边手枪二响，当时据哨兵说，抗大出过通知演习，是摩车学校演戏，枪事实如何，当晚未加追究。"经询问证人，从小东门、大东门哨兵处获悉"当时打枪时是

---

①陕西省地方志编纂委员会：《陕西省志·检察志》，陕西人民出版社 2009 年版，第 34 页。

五日傍晚，点名时间枪声以后约二十分钟"的案发时间。

2. 进行现场勘查。史料显示："小东门对面半大马路旁边沙滩上离一块大石头后约二尺横卧女尸，时间是十月五日下午七时半"；"次日早上发现刘茜死尸，当即派人员驰赴检查，刘茜身中两枪，头部、腰部各一，腰部子弹未出，路旁遗弃手枪子弹壳二粒，子弹头一颗。"

3. 询问证人，取得证言。陕北公学董铁凤称刘茜5日黄昏时被黄克功叫去谈话再未回来。小东门哨兵称只有抗大1人进城说是洗澡。大东门哨兵称枪声以后20分钟有抗大的一个提马灯的人出城，另有几个老百姓进城。而黄志勇称5日下午他与黄克功出城玩耍到陕北公学附近遇到刘茜与董铁凤等相伴同行，黄克功即叫来刘茜谈话。待其进城时（天刚黑）"尚见黄克功与刘茜仍站在三条路总合坡上谈话"，抗大六队同志（未显示姓名）称黄克功回校时已经点过了名。而勤务员张海如则称黄克功回队即将裤子鞋袜脱下浸湿换洗。徐松林从东关进城时（天将黑）遇见黄克功与刘茜站在沙滩旁边上面的三岔路口谈话，听到女子说："黄克功不要动摇。"后来，他由学校提马灯出城在沙滩上又遇见黄克功向这边回来，但没有看见女子。

4. 主持尸体检验。在案件的侦查中，检察官徐时奎主持了对刘茜尸体的检验，《验伤单》表明：刘茜"左耳后有伤势一处，弹穿脑门。左肋背后有枪伤一处，弹未出。右膝盖及下腿有伤痕，呈暗黑色，稍带紫，皮未破。左脚腕上有伤一处，皮未破，暗紫色。左手指有伤一处，皮未破，暗紫色。"后与黄克功的供述相吻合，形成了锁定犯罪较为完整的证据链。

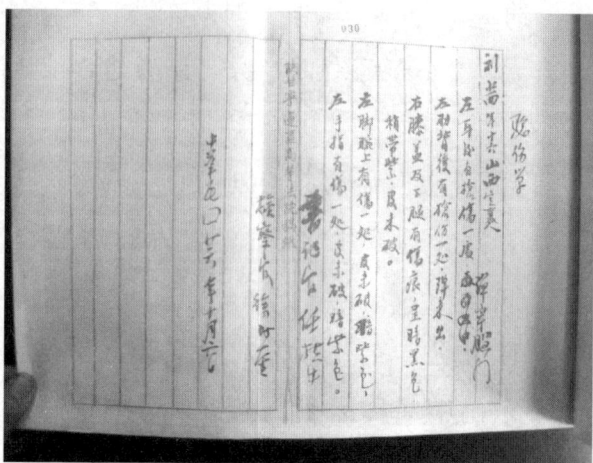

▲ 黄克功杀人案中刘茜之验伤单（卷宗号：15–543）

5. 搜集物证。在物证方面，搜集到黄克功的手枪一支、弹壳两粒、弹头一粒。

在证据搜集方面，检察机关做出了大量深入、细致且富有成效的工作，黄克功因逼婚不成行凶杀人案的事实逐步被揭露出来，这些工作对黄克功杀人案的公诉、审判奠定了基础。

预审查明的事实：对于黄克功的预审究竟如何进行，刘亚楼与黄克功又是如何你来我往、唇枪舌战最终导致黄克功认罪伏法的，目前所掌握的史料尚无记录。我们认为：如果没有现场勘查、询问证人、技术鉴定等相关侦查工作为基础，检察机关没有掌握案件基本情况，没有将黄克功的重大犯罪嫌疑展示出来，并"以抗大最高首长以及应为王子涛同志重复查验亦属同一推断，当由刘亚楼同志严厉向黄克功讯问，才直供不讳。"可以判断，没有先前大量深入而细致的调查取证工作，黄克功是不可能"直供不讳"的。

从黄克功案的审判笔录以及其给雷经天、毛泽东的申辩书可以判断，预审应当已经查明了以下事实：

1. 黄克功与刘茜由情生恶。黄克功称："余见刘氏天真活泼，幼年颇有智慧"，"在最初两三星期，二者情深至极，继则与刘氏口头订婚，刘氏则满口允诺，谓学习半期或一期后，实现正式登记"。刘茜是一个活泼的女青年，结交男人多，更使黄克功求婚心切，"黄克功主张正式成婚，刘茜拒绝，并在女同学面前表明没有同黄克功恋爱之事"，因此更使黄克功从失败中增加愤恨。

2. 黄克功有杀害刘茜的故意。据刘亚楼同志审讯笔录"黄克功自己讲在枪杀刘茜三五天前曾写过三封信给刘茜，没有答复。又亲自找一次，没有找见。以后继续再去，据学校的材料，黄克功曾佩带枪"。因黄克攻求婚心切，被刘茜严辞拒绝，即"暗藏祸心，立寻刺杀之机"。在黄克功自己的口供中也承认："刘茜五日晚上恶言相向，故定下枪杀之决心。"

3. 实施了杀害刘茜的行为。黄克功在给毛泽东的申诉书中称："刘氏狼心毒恶，玩弄革命军人，口是心非，故意损功名誉"；"刘氏即恶言口出，并谓今晚你不杀我，我即返校报告你拦途劫抢，因此余见刘氏眨睛无情，及故意损功名誉，当时则气愤填胸，乃拔枪击之，一枪未毙，故加一枪，以免对方作对"。这一点与现场勘查的情况是一致的："刘茜身中两枪，头部、腰部各一，腰部子弹未出，路旁遗弃手枪子弹壳二粒，子弹头一颗。"

陕甘宁边区高等法院布告在宣布"黄克功枪杀刘茜"的罪状中做了如下的表述："案查该凶犯于十月五日黄昏，在延安城外东关河边地方，因逼婚不遂，逞凶枪杀陕北公学女生刘茜一命，经检察机关侦查，证据确凿，提起公诉。"

（二）黄克功犯罪行为的起诉

检察机关在黄克功杀人案中做了大量富有成效的调查工作，并起草完成了《公诉书》。公诉书约 1700 余字。涉及案由、起诉经过、被告和死者介绍、侦查经过、人证物证、原因推断、处理意见等多个方面的内容。

1. 关于侦查经过,《公诉书》认为:

十月五日傍晚上点灯不久,即听到外边手枪二响。当时据哨兵说,抗大出过通知演习,是摩车学校演习,响枪事实如何,当晚未加追究。次日早上,有人报告沙滩路旁横卧公学女生刘茜死尸,当即派人员驰赴检查。刘茜身中两枪,头部、腰部各一,腰部子弹未出,路旁遗弃手枪子弹壳二粒,子弹头一颗。据陕北公学董铁凤等说:刘茜五日黄昏时,被黄克功叫去谈话再未回来,并说黄曾经向刘茜求婚。小东门、大东门哨兵说,当时打枪时是五日傍晚,点名时间枪声以后约二十分钟,小东门只有抗大一人进城,说是洗澡,哨兵不认识其人。又据大东门哨兵说,枪声以后二十分钟,有抗大的一个提马灯的人出城,另有几个老百姓进城。又据黄志勇说,五日下午他与黄克功出城玩耍,到陕北公学附近遇到刘茜与董铁凤等相伴同行,黄克功即叫来刘茜谈话,黄志勇当即去摩托学校,直到黄志勇由摩托学校进城时(天刚黑),尚见黄克功与刘茜仍站在三条路总合坡上谈话,黄克功要黄志勇同志先回校。

查问抗大六队同志,说黄克功回校时已经点过了名,据他的勤务员张海如说,黄克功回队即将裤子、鞋袜脱下,浸湿换洗。

查问提马灯出城的人,是抗大管理员徐松林同志,他说他从东关进城时,即遇见黄克功与刘茜站在沙滩旁边上面的三岔路口谈话,听到女子说:"黄克功不要动摇"。后来他由学校提马灯出城,在沙滩上,又遇见黄克功向这边回来,没有看见女子。时间距离天黑不久,正是城门哨兵听见打枪后二十分钟。根据上述时间、空间以及黄克功的许多形迹可疑材料,认为黄克功有枪杀刘茜之严重事实和嫌疑,足可断言的了。以后更由王子涛同志到抗大检查黄克功手枪,不但子弹口径相同，而且在枪筒内还有新打过子弹的淡烟灰色，虽经搽洗，犹有遗迹可凭。对于昨晚之枪杀案者，实系黄克功之手枪无疑义了。根据以上确证，抗大最高首长以及王子涛同志重复查验，亦属同一推断，当由刘亚楼同志严厉向黄克功讯问，才直供不讳。

2. 关于现有的证人、证物，《公诉书》列举如下：

黄克功的手枪一支、弹壳两粒、弹头一粒。

证明枪响前后见黄克功在枪杀地点附近的事实，证人有：徐松林、黄志勇，还有辅助证人黄铁凤、肖赤、勤务员张海如、大小东门哨兵。

黄克功在羁押中的申诉书 2 件。

3. 关于犯罪原因的推断，《公诉书》认为：

第一，本案前身完全是由于恋爱不遂所起。根据刘茜写给黄克功的信件，黄克功曾施用物质诱惑，企图正式成婚，刘茜对黄克功亦曾迭次采取拒绝的态度，但刘茜在开始确系半推半就，以致黄克功才放肆强迫求婚。第二，刘茜是一个活泼的女青年，结交男人多，更使黄克功求婚心切，害怕失败，据向仲华同志说黄克功事先曾商讨结婚如何不落空的事情，黄克功主张正式成婚，刘茜拒绝，并在女同学面前表明没有同黄克功恋爱之事，因此更使黄克功失败中增加愤恨。第三，据刘亚楼同志审讯黄克功自己讲在枪杀刘茜三五天前曾写过三封信给刘茜，没有答复又亲自找一次，没有找见，以后继续再去，据学校的材料，黄克功曾佩带枪，因黄求婚心切，大概被刘茜严辞拒绝，黄克功即暗藏祸心，立寻刺杀之机。根据徐松林同志在旁边过路听到女子一句话说"黄克功不要动摇"，大概是劝黄克功不应为女子妨碍政治上的重大工作，在刘茜写给黄克功信上也有这种词句，在黄克功自己的口供内也承认刘茜五日晚上恶言相向，故定下枪杀之决心。第四，黄克功由个人利益高于一切、认女子为私有财产的观念出发，不顾革命利益之损害到如何程度，都不能克服他的情欲所求，这种政治上之昏聩，革命意识全无，以致因恋爱不达目的而杀害人命。

4. 关于具体的处理意见，《公诉书》认为：

黄克功对刘茜实系求婚未遂以致枪杀革命青年，在黄克功的主观上虽属强迫求婚，自私自利无以复加。查黄克功曾系共产党党员，又是抗大干部，不顾革命利益，危害国家法令，损害共产党红军的政治影响，实质上无异于帮助日本汉奸破坏革命，应严肃革命的纪律，处以死刑，特提向法庭公判。

由此可见，《公诉书》观点鲜明，思路清晰，分析透彻，针对黄克功因逼婚未遂而枪杀革命青年、破坏红军纪律、损坏革命利益的犯罪行为，明确要求判处其死刑。

（三）出庭支持公诉

抗大政治部胡耀邦、边区保安处黄卓超、法院检察官徐时奎三名履行检察职责的检察机关代表出庭支持公诉，履行指控犯罪的工作职责。根据庭审笔录，出庭支持公诉的活动内容，主要包括：

1. 胡耀邦代表政治部控告黄克功破坏红军纪律、损坏革命利益的杀人犯罪行为。在阐述了有关的案件事实基础上，对黄克功犯罪行为的目的和动机，认为：

黄是为有意或无意所杀，杀人经过，黄克功向刘茜求婚，原在十五队当队长，陕北公学一部分同志都在十五队，刘茜亦在，黄刘认识后，黄写求婚信给刘，刘亦回。在事发以前，曾不断有信，现不问刘态度如何，此事中刘曾有信拒绝，三四号黄写三信叫刘答复，四号刘曾有信，最后一句，希望你的爱人只是精神上的爱人，并同特区队女同志谈，她已经解决了。五号黄已有准备，带枪要威胁她，绝不是黄第一次声明中说因要刘过河，刘拒绝，即开枪。

2. 胡耀邦还阐述了黄克功杀死刘茜的原因：

（1）黄杀刘是黄向刘求婚遭到刘拒绝时，最后破坏时所下之毒手。（2）在无人看见时，他自己认为可以做的时候。除以上二原因外，还有最重要原因：黄是在政治上、思想上腐败，离开革命思想意识，以自私自利个人利益，离开革命利益，否则一个革命者，不会做出这样卑鄙无知的事。

3. 胡耀邦提出了定罪量刑的意见和建议：

黄克功的犯罪行为十分严重，理由：（1）以黄本身说，强迫别人结婚，是妨害别人自由，婚姻要经过双方同意，而黄却强迫，刘为未达婚姻年龄，（黄）为害边区政府婚姻法令，一犯再犯，一直走到杀害革命同志。这种杀人，完全危害边区法令，案情严重，不仅在本身，并且有政治上的损失。今处于抗战中，号召以人力、物力争取抗战胜利，对革命同志要很爱惜，在火线中战斗，黄克功杀同志完全与我们原则相反，也就是损毁革命力量，特别是在抗日模范地，做出这样卑鄙行为，破坏红军信仰，抗日模范地的威信，因此有政治上的严重。（2）黄本身为红军，铁的纪律，并为干部，政治上应该不落后，比一般的人要前进，但今日却犯法，这一点更说明他这件事增加严重性，因此我提议法庭对破坏红军威信等的杀人犯黄克功，以最严的处罚。

检察官（徐时奎）出庭说明了尸体检验的情况，并驳斥了黄克功的不实证言，要求法庭严厉惩罚被告的犯罪行为：

六日刘茜被杀后在陕公那里，刘身上左眼、左腰各有一枪。右脚右面皮破，此是验杀情形，黄杀人并不是第一次他的声明中所说，枪在包袱中包着，事后回校将脚洗，鞋换下来，穿别人的并将衣服脱下自己放在盆内泡着，据勤务说他从未亲自洗衣，由此可证明是有意杀人，请求最高法院必须以最严的处置。

两份庭审笔录，分别记录了黄克功的供述：

第一份笔录：和刘首先是朋友的通信，三次后发生爱，极密切，她对我很好，答应在苏区结婚，以后我写信，她说学习一期后就结婚。我在学习上帮助，但刘茜在外不好，我很恨。她破坏口头订婚，在表面上对我不好，他不应该玩弄革命军人。五号晚上，我带枪看态度，就准备枪杀，当晚我问她是否看过信，否则找人证明我们破坏口头订婚，她不答，也不允许，并有些害我，因此我就开枪。现已犯法。我是共产党党员，请求法庭因估计我的意在为革命而尽最后力量，请法庭估计，如果处死刑，我也甘心。

第二份笔录：我与刘茜起初是朋友的关系，后来她要求我与她结婚，婚约已口头订了，到最后她破坏口头婚约，破坏我的名誉。愚弄革命青年。本月五日晚，我威胁她，叫她找人证明解除婚约，她说我是拦路抢劫要报告我，所以我才打死她，解我心恨，我是一个党员，还愿牺牲自己为革命奋斗，虽死犹荣。

庭审过程中，群众代表的发言，也具有批驳被告观点，进行控诉的作用。庭审笔录详细记录了群众针对黄克功辩解所进行的批驳，例如：

我代表抗大，主张枪毙。杀他不仅是援救红军纪律或抵命，而是由于他的罪犯，不能再存于世。他虽是干部，如认为杀他是残忍的，这种言论是错误的，故他是他自己找来的，为了革命利益与纪律，共产党一切为群众。不仅是抵罪，而是犯法的严重性，必须处死。过去的一切都是光荣的，我们是可惜痛心的，参加红军、中央军长征，但做此无聊事，罪犯是罪犯，光荣是光荣，不能混为一谈，因此我主张大会给他一个最后的处罚死刑。

敌人的造谣很多，抗战中，延安要做抗日模范地，敌人正要造谣，黄克功证实替敌人做造谣材料，并替敌人杀革命者。此案件由黄克功个人负责，那女子未到婚姻年龄，他强迫。黄在红军中有十年历史，是光荣，但正因为是老干部，对红军纪律应知道，如果是新红军，有可原谅，而黄是老干部，因此五队我们要处以死刑。

黄个人经过长期斗争，做此事，觉极痛心，有一部分人认为在抗战中已损失刘茜，但不必再杀黄，另一部分认为正因是老干部，知法犯法，必须依法律裁判。处决黄是站在党的铁的纪律，为了教育以为人而处决，不是为了怕汉奸造谣。在恋爱观上黄是犯了很大错误，他妨碍工作、自由两个原则，大多数意见要以法律处决。

个别代表：认为此事有政治作用，并扩大，此是不应该。事后有二种意见，一要以过去光荣历史来替换今日罪犯，这是不应该的。黄是老干部，并不是不了解红军纪律、共产党纪律，但今日却违反了。应当给黄最严厉处置枪决。

我们认为黄今天在法庭上不忠实：枪杀后，罪恶加在别人头上。承认后，在各处，罪推在女子身上，这样不忠实，不是革命者态度，枪决他，是维持党的纪律：从政治上需要枪决，不能以为有光荣历史就否认这个事，因此事对我们有很大损失。在法律上，女子未到结婚年龄而强迫，我同意枪决。

政治上，他个人主义发展脱离共产主义；延安要有模范区治安，其破坏；黄为革命军人而破坏铁的纪律。法律上，犯罪动机极卑鄙。犯罪手段，是残害，二枪，手枪要打敌人，不要打自己人。犯罪目的，还想害第二个人抵刘命，犯罪的态度一直到今天仍是滑顽，根据以上必须枪决。另外，落后人以为枪杀他是将红军干部的历史不顾，我认为这是侮辱红军干部。

群众的发言，有力地驳斥了黄克功的辩护，以及在黄克功案件量刑问题上存在的模糊认识，为案件的正确裁判奠定了基础。从黄克功案的判决书看，判决书对于黄克功死刑的判决，采纳了检察机关的所有理由：

（1）蓄意杀害刘茜的犯罪行为，该凶犯黄克功既已直供不讳，更加以检察机关所提出各种确凿证据的证明，罪案成立，已无疑义。

（2）值兹国难当头，凡属中国人民，均要认清日本帝国主义及其走狗——汉奸才是自己国家民族的死敌，我们用血肉换来的枪弹，应用来杀敌人，用来争取自己国家民族的自由独立解放，但该凶犯黄克功竟丧心病狂，枪杀自己革命青年同志，破坏革命纪律，破坏革命的团结，无异帮助了敌人，无论他的主观是否汉奸，但客观事实，确是汉奸的行为。

（3）刘茜今年才十六岁，根据特区的婚姻法令，未达结婚年龄，黄克功是革命干部，要求与未达婚龄的幼女刘茜结婚，已属违法，更因逼婚不遂以致实行枪杀泄愤，这完全是兽性不如的行为，罪无可遣，无论刘茜对黄克功过去发生极好的感情，甚至于口头允许将来结婚，在后因不同意而拒绝，亦属正当，绝不能以此借口加以杀害。

（4）男女婚姻，应完全是出于自愿的结合，条件或不适宜，亦可正式分离，绝不许任何的强迫，黄克功与刘茜的关系，最高限度只不过是朋友相恋，即使结婚，各人仍有其个人的自由，黄克功绝不能强制干涉刘茜的行动，更不能借口刘茜滥找爱人成为枪杀的原因。

（5）凶犯黄克功对刘茜实行杀害以后浸洗衣鞋，擦拭手枪，湮灭证据，复在刘茜信上，伪造时日，捏造反证，更对于学校法庭讯问的时候，初尚狡赖，推卸责任，这适足以证明黄克功预蓄杀人的计划及对于革命的不忠实，这些表现实为革命队伍中之败类。

四、李万春过失杀人案的侦查及不起诉处分

李万春过失杀人案的档案资料，收集在《陕甘宁边区高等法院：关于判决李万春、任子光、白光山等过失杀人案的呈、指令》中，案卷号陕西省档案馆，全宗 15 - 764。档案目录被称为《陕甘宁边区高等法院检察处：李万春看枪失慎，击毙冯树德案卷宗》，其主要包括：

1. 边区高等法院：李万春接谈笔录，1941 年 11 月 28 日，第 1 ~ 3 页；

2. 边区高等法院：李万春因枪走火击毙冯树德给绥德专员的训令，1941 年 11 月 28 日，第 4 页；

3. 边区高等法院：绥德县李万春来院面陈后的通知书，1941 年 11 月 28 日，第 5 ~ 6 页；

4. 张俊贤：关于李万春手枪走火要吴亮明、高庆昌二同志证明，现将二同志的证明信送上请处理的呈文，1941 年 12 月 19 日，第 7 ~ 9 页；

5. 绥德分区征行督察公署：李万春与冯树德玩枪走火，将冯树德击毙一案的处理经过的呈文，1941 年 12 月 22 日，第 10 ~ 11 页；

6. 边区高等法院检察处：李万春看枪失慎，击毙人命案处分书，1941 年 12 月 31 日，第 12 ~ 15 页；

7. 边区高等法院：李万春看枪失慎，击毙人命案处分书抄一份呈边区政府的呈文，1941 年 12 月 31 日，第 16 页；

8. 边区高等法院：关于李万春失慎击毙一案，给参议会常住会员的函，1941 年 12 月 31 日，第 17 页；

9. 边府：李万春过失杀人不起诉处分一案准予备案的指令，1942 年 1 月 14 日，第 18 ~ 19 页。

（一）对李万春过失杀人行为的侦查

1941 年 11 月 28 日，检察长李木庵和检察员刘福明接谈了边区参议员李万春。《接待笔录》显示：

当事人李万春称：因本年二月二十九日在米脂县抗日救国会时失枪走火致将联保农救会主任冯树德击毙一事，此事曾经绥德专员王震处分，将我的救国会主任之职宣布撤职。死者的家属知是失手走火，并非故意，已无异言。又当日出事在场目视的县委组织部长吴亮明、县农救会主任高庆昌均经证明事已结束。此次边区参议会选举时（本年十月间），我当选为参议员，来延报到出席。后经主席团提议，我的失手走火之事，经大会决议，停止我的出席，应由法院解决责任问题，因此我今日来院提到请求查明解决。

针对当事人的请求事项，检察处要求当事人进一步澄清有关失手走火相关事实的细节。

当事人陈述认为：我因为在米脂县充当县抗日救国会主任职务，各地方组织同志，日常在一起会聚。本年二月二十九日下午二时许，有县委组织部长吴亮明、县农救会主任高庆昌、联保农救会主任冯树德同志，我四人在县委组织部长所住窑洞内围在一张方桌上，谈及收民枪事。冯树德说：我向商人处借来一支手枪，由身上取出交大家看。我问是何种手枪，如何用法？冯说三保险手枪，我拿在手上查看，问如何不落机。他说子弹安上锁子，抽开才落机。冯自将锁子抽开，机仍未落，他自己又将枪把后扣一拨，枪即失火，枪口适对着冯，致子弹斜穿入冯的左肋骨，向背骨右边入内未出，约五分钟即毙命。事后检查该枪，原有子弹一共四粒，冯自己先上了一粒子弹在枪内，渠未经意，适按枪把后扣，致子弹突出。我们在座之诸均经目睹，彼时枪虽拿在我手，我对于枪支使用素来生疏，冯自己上有一粒子弹在内，他亦忘记，又是他自己用手在

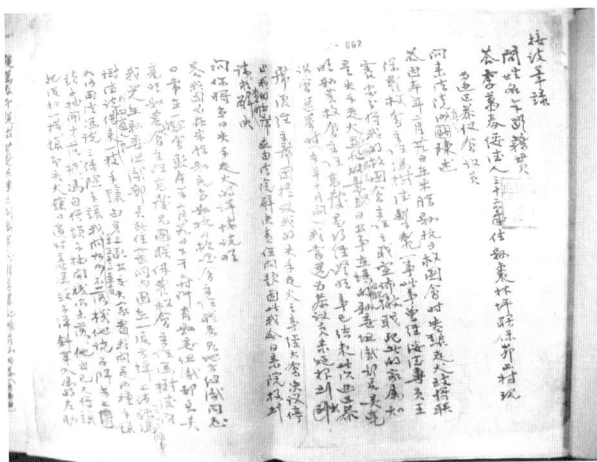

▲ 李万春过失杀人案中检察处的接待笔录（卷宗号：15－764）

枪把后扣扳动，并非我意，亦非出于我的动作，有在座诸人可以证明，实在不是我的过失。此事请法院予我查讯，分别责任所在，恢复我的名誉。这是我来请求的意思，我现住延安南门外保健叶社内，听候法院办理。

那么，当事人的陈述是否真实，如何进行案件的侦查呢？同日，边区高等法院院长雷经天、检察长李木庵向绥德专员发出了《训令第 262 号》：

业据绥德县人李万春来院陈称：本年二月二十九日在米脂县抗日救国会时因枪走火，致击毙联保农救会主任冯树德一事，此事曾经绥德专员王震处分，将我的救国会主任之职宣布撤职，死者家属知是失手走火，并无异言，又当日在场目击的县委组织部长吴亮旺、县农救会主任高庆昌均经证明。此次边区参议会选举，我当选为参议员，来

延报到出席。后经主席团提议，此事经大会议决，停止我的出席，应由法院解决责任问题。因此，我今日来院提案，请求查明解决等语。查此案李万春有无法律上过失责任，当日在场目击之吴亮旺、高庆昌等人实有询明之必要。兹本院有对该两人之通知书各一件，特令发请署特行发交，并就近催其从速陈复，藉恳核办。又请署时于此案在行政手续方面，曾经处理案内事实点，当特明了。可就当日查明情形录报，俾资参政。此令。计发吴亮明、高庆昌两人通知书各一件。

在边区高等法院院长雷经天、检察长李木庵向证人米脂县委组织部长吴亮明、绥德特委组织部高庆昌发布的调查通知，即《通知书第四号》中，明确列举了需要查清的以下事项：

（1）当时围样看枪共有几人及其围样让立之方向。（2）确定何人在场，当日手枪是否死者冯树德自己由身上掏出交看。（3）确定子弹是否由死者冯树德自己在未掏出看枪以前所装上。（4）确定走火原因是否由冯树德自己用手在李万春手上扳弄枪把后扣所射出。（5）其他有需证明之情形。并指出：列所询各项事实，当日在场目睹之人依法有作证之义务，望将当日目睹实情，真实的、公正的各种书面盖章鉴字，详为解述，毋得隐饰。从速递案本院。以便查核办理为要，特此通知。

（二）侦查中收集的相关证据

绥德特委组织部副部长张俊贤于 12 月 19 日，呈请高等法院："缘要吴亮明、高庆昌二同志证明当场手枪走火之经过情况，敝会随即促该二同志将当时详情，俱实一一证明，现将该二同志之证明书随信附上，请根据实际情况处理之。"

那么，证人向检察处出具的证明材料，具体内容如何？这份证明材料的标题："为证明李万春在米脂抗救会工作时手枪走火致伤人命事。"具体内容包括：

窃维毙人冯树德，系任民权乡联保农会主任，该同志于今年古历二月二十八来县讨论民权乡之环境。当日晚万春即给予答复，并叫他明天饭后一定返回联保处，他亦应允。翌日早饭后，亮明与万春去士绅家谈话，赶午回来，而树德尚在。亮明问他为何不回，他说马上就走，万春等三人回在亮明的办公室内，万春说你们民乡联保处（指国民党）不是还有数支手枪吗？并告其设法搞在我们手内，而利工作之开展。树德答以回去设法办理，当时他又说：你们看，我现带一支好手枪。便从大衣内掏出该手枪，庆昌亦于此时来室内，见万春同志将手枪接住，抽下子弹，把枪往出拉了一下，该枪不落针。树德说手牌放上就落，万春于是将子弹推上，在机板上一拨，照旧不落。冯同志说这是三保险枪，枪把、仓镇与子弹这三部各有一保险的作用，随说顺势将右手在枪锁及枪把上一拨，不料枪即爆发，我们四人惊慌失措，跑出室外，只树德昏倒门前，口吐鲜血，毕时亡命。肇事后万春即提出甘受法律之制裁，并向特委书记张秀山同志（亦在县）专署自首，非常坦白，五六日后由警备司令专署将万春出拘票，解绥处理。此乃前后失火毙命经过详情，绝无丝毫蒙蔽，特此证明。

与此同时，陕甘宁边区绥德分区行政督察专员公署兼专员王震、副专员曹力如，于民国三十年12月22日呈请高等法院，对案件当初业已进行的处理过程和结果，进行了详细的说明：

钧院第二九二号训令，关于李万春与冯树德共同玩枪失火致将冯树德击死一案，附发通知书，饬转发证人吴亮明、高庆昌二人，将出事详情陈后，并饬将本署对此案处理经过详予呈报等因。奉此，当将通知书转发，据吴、高二人答复，业已将证明书迳送钧院，谨再将此案处理经过陈述于下：本年三月一日接到米脂抗日救国会报告，该会主任李万春玩枪失火误将联保农会主任冯树德击死，当以事关人命，经派人将李万春票拘到案，询据供述情节与钧院发给高、吴二人的通知书所记述情节相符。后经询明高庆昌、吴亮明二人，证明李万春口供与事实相符。据上事实，本署认为李万春与冯树德生前并无宿怨，事端的发生由于二人共同玩枪，此枪系冯树德生前所熟悉，当时冯树德在亲手指示枪的机构及性能当中，误触板机，失火致被击死，当非出于李万春之有意，根据中华民国刑法第十二条第一项之规定，李万春不应负此案的刑事责任，当将李万春释放，并撤销其抗日救国会主任职务。嗣据米脂各抗救支会主任来署挽留，当以李万春虽过去有其工作成绩，但究属遇事疏忽，损失了干部，应给以撤职处分，对彼等之拘留未曾批准。对于死者经函过米脂抗日救国会给以葬埋并抚恤其家属。本署在此案结束时，因司法工作不够正规，未曾宣布判决，亦未向钧院呈报，在司法手续上的有缺点，应自我批评，这就是本案处理的经过，谨呈陕甘宁边区高等法院院长雷、检察长李。

（三）对李万春过失杀人的不起诉处分

1941年12月31日，在完成了证据收集和调查基础上，陕甘宁边区高等法院检察处制作了《侦查处分书》，对李万春作出不起诉的处理决定。检察处认定的事实是：

缘本案呈诉人李万春充任米脂县抗日救国会主任职务，本年二月二十九日有县委组织部长吴亮明、县农民救国会主任高庆昌、联保农民救国会主任冯树德同李万春四人在县委组织部长窑洞内方桌上，会谈征收民枪事，冯树德由身上取出手枪一支交大家阅看，李万春接枪在手，不识枪支使用方法，冯树德随手在枪上拨动，子弹立即射出，斜入冯树德之右肋骨，即时毙命。彼时死者家属以是看枪走火，无其他原因，亦无异言。事报绥德专员公署，以地方组织负责人员看枪失慎毙人，未免过于疏忽，当予李万春以撤职处分。今年十月，李万春当选为边区参议会参议员来延出席，主席因闻悉李万春看枪走火之事，未经法律手续解决责任问题，提付讨论。经大会议决，停止李万春出席，应由司法机关解决责任问题。因此，李万春来法院报到，请求办理。当经本处讯据李万春供称：当日我与吴亮明、高庆昌、冯树德四人围在一张方桌上谈证收民乡枪支事，冯树德说我借来一支手枪，由身上掏出交大家看，我问是何种手枪如何用法，冯说是三保险手枪，我拿在手上问如何不落机，冯树德说子弹安上锁子抽开才落机，冯自将锁子抽开，机仍未落，他自己又将枪把后扣一拨，枪即失火，枪口适对着冯树德致子弹斜入冯的左肋骨，向背骨右边入内，子弹未出约五分钟即毙命。事后检查该枪原有子弹一粒是冯树德自己先时装上，他竟忘记彼时枪虽拿在我手，我对于枪支使用素来生疏，冯树德自己忘记内有子弹，又是他自己用手在枪把后扣扳动，并非出自我的动作，有在座诸人可以证明，实在不是我的过失，请查明分别责任所在，恢复我的名誉等语。复经本院通知绥德当日在场目睹之吴亮明、高庆昌之将当日亲见之真实情形，详为述明，并文行绥德专员公署，将当日处理此案经过情形查复。后旋据吴亮明、高庆昌二人共同在证明书内称：当日李万春、冯树德与亮明、庆昌同在一起谈收民乡枪支，树德答应回去设法办理，他又说你们看，我现带一支好手枪，从大衣内掏出。万春接住手枪，抽下子弹，往出拉一下，该枪不落针，树德说子弹放上就落，万春于是将子弹推上，照旧不落。树德说这是三保险手枪，枪把、枪锁与将子弹这三部各有一保险，随说顺势将右手在枪锁及枪把上一拨，不料枪即爆发，我们惊慌失措，跑出室外，只树德躺倒门前，登时毙命。此是经过详情，绝无丝毫蒙蔽等语。又据绥德专员王震、副专员曹力如文复内称：本年三月一日接到米脂抗日救国会报告，该会主任李万春玩枪失火，将冯树德击毙，当以事关人命，经派人将李万春带案，其供述情节，与钧院发给另余二人的通知书所记之情节相符，及经询明高庆昌、吴亮明，二人证明李万春口供符合事实，各附卷。

《侦查处分书》阐述的理由是：

本案是属过失杀人。但过失责任之为谁属，自应以过失动作之因与其所成之果，有无直接联络关系为断。当死者冯树德掏出手枪交看时，李万春接枪在手，因有接枪责任，但以在场目睹之吴亮明、高庆昌之共同证明，以及绥德专员公署查复情状，则系由于冯树德自己用手在枪锁及枪把上拨动，后子弹始行发出，并非由于李万春之直接动作，故万春虽有接枪在手之责任，而用手在枪上拨动机者实树德，在法律上也属责任更新，是树德之毙命适成其为过失自杀，与李万春仅是接枪在手，未拨动枪针者，无直接因果联络关系，自不负法律上过失责任，而无犯罪之嫌疑。查刑诉法第二三一条第十款规定，犯罪嫌疑不足者，应为不起诉之处分。

同日，高等法院雷经天院长、李木庵检察长，向边区政府呈请备案，边区政府文第7号内容是：

案据绥德县边区参议员李万春因看枪失慎击毙冯树德一案，李万春来院请求讯明过失责任，当经本院检察处依法侦查完毕，兹将处分书抄本一份送钧府对查照核备案。向参议会常驻会员谢觉哉发出呈请查照函，内容为："绥德县边区参议员李万春因看枪失慎击毙冯树德一案，李万春来院请求讯明过失责任，当经本院检察处依法侦查完毕，兹将处分书抄本一份送请贵院查照。并致敬礼。"

1942 年 1 月 12 日，边区政府发布《陕甘宁边区政府指令抗字一一九五号》，内容为："查关于李万春过失杀人一案，该院根据法理、事实，为不起诉之处分，尚无不合，应即准予备案。此令。"

由此可见，检察机关在关于具体行为是否为犯罪的定性问题上，具有独立的侦查和决定权。检察机关出具的不起诉处分书，经过边区政府的备案后，具有证明作用。检察机关将法律文书主动呈报参议会，属于根据当事人请求履行的职权义务。

五、宁三妨害风化案的法律监督

检察机关对审判机关违反法律的决定及判决，有权要求根据法律规定予以重新处理，纠正不当司法决定，履行法律监督的职能。这方面的典型案例，为宁三妨害风化案的法律监督。该案的主要材料，参见《陕西省志·检察志》：[①]

宁三，延安北区某机关炊事员。1941 年 12 月 12 日下午，见外地民妇李某（系任某某之妻）带了一个 8 岁小孩来延安逃难，即以帮助其代寻住处为交换条件，意欲行奸。李某迫于困境，勉强同意，宁三即把她带到本机关一个空窑洞内，强行与之发生关系。不久宁三又去行奸，李某不从，宁三给 2 元钱，又奸一次。当宁三再前往行奸时，遭到李某严辞拒绝。至 13 日早晨发现李某死亡。此案经延安市法院查明，李某因烧炭中毒窒息而死。传死者丈夫任某某前来掩埋尸体，领回孩子，但任某某未到案。法院以此案为亲告案，丈夫不到案，等于不起诉，故就此结案。

---

① 参见陕西省地方志编纂委员会：《陕西省志·检察志》，陕西人民出版社 2009 年版，第 34 页。

在本案的办理中，检察员接到法院判决后，立即进行了审核，检察员认为，李某虽非因宁三行奸致死，但宁三乘人危难之际诱惑行奸，有伤风化属实，已触犯刑法第 225 条的规定，而法院以此案为亲告案，丈夫不到案，等于不起诉，故就此结案的处理方式，有违法律的规定。于是检察员以原判决在认定事实与适用法律上有违误以及程序上有纰漏为由，提起公诉。

后法院以妨害风化罪判处宁三有期徒刑 3 年。

第四章

政治类刑事案件中的检察运行

　　政治类刑事案件相对于普通刑事案件而存在,学者也将之称为"特种刑事"案件、"汉奸罪和有关破坏抗战的重大犯罪"。但是,政治类犯罪,主要指以破坏革命政权为目的的犯罪,陕甘宁边区检察机关对于这类案件的检察职能,主要包括侦查、起诉或不予起诉处分、出庭支持公诉等。政治类刑事案件的侦查、起诉是检察职能的重点。"刘文义汉奸案"较为详细地呈现了检察机关对于政治类案件的侦查、免予处分职能实现情况;"李克仁擅自收回已经分配的土地等案"较为详细地呈现了检察机关对于政治类案件的侦查、起诉职能实现情况。

一、政治类犯罪的主要罪名

抗日战争时期，由于政权性质发生了变化，政治类犯罪，主要包括汉奸罪、盗匪、破坏边区罪等，又称为"政治犯"。有学者将贪污罪列入政治类犯罪之中，主要原因是贪污犯罪破坏了民主政府的正常管理与运行，尤其是其廉洁形象。但是，政治类犯罪有特定的颠覆政权的目的，本书将贪污罪作为普通刑事案件予以论述。

陕甘宁边区高等法院指出：

关于政治犯的解释是怎样的，认为思想不同的犯罪行为就是政治犯，在他没有行为以前，能争取说服就争取说服，否则不加以强迫，因为我们是主张思想自由的，我们绝不赞成法西斯的那样统制思想。但是，已经有了破坏行为，为了民族及人民利益起见，不能不加以处罚，这还是归普通法院处理，大约这类案件属于破坏边区的居多。根据宽大政策，只要他能迅速改悔，还是从宽处理。①

这类犯罪特别强调犯罪的主观目的。以汉奸罪为例：

1937年10月，陕甘宁边区政府、保安司令部联合发布的《陕甘宁边区锄奸委员会组织条例》，规定了汉奸罪的10项具体内容。1939年，陕甘宁边区政府正式制定了《抗战时期惩治汉奸条例》（草案），明确列举了汉奸罪的具体内容及处罚措施。其中，第3条列举的汉奸罪的具体内容包括：企图颠覆抗日政府，阴谋建立傀儡政权者；破坏人民抗日运动者；进行间谍特务活动者；藏运军火图谋叛乱者或组织领导叛乱者；携枪投敌者；释放信号显示敌人轰炸或射击目标者；杀

---

① 参见《陕甘宁边区高等法院：边区高等法院拟制"论边区司法答客问"和司法问题汇集》，陕西省档案馆，卷宗号：15－58。

害革命干部或毒害人民者；以粮食军器资送敌人者；破坏交通或扰乱金融者；以文字图画宣传破坏抗战者；有意放纵汉奸分子逃跑或者诬陷别人为汉奸者，皆以汉奸罪论。

对于汉奸罪的处罚，视其情节轻重，分别判处有期徒刑或者死刑。教唆、放纵或者协助犯汉奸罪者，与本犯同罪。年龄在 14 岁以下、80 岁以上者，得减免其刑罚。

虽然相关法律法规并未专门规定检察机关在政治类犯罪的侦查起诉中如何发挥作用，但是，在战争环境和条件下，陕甘宁边区的检察机关在政治类犯罪的侦查起诉过程中，只要情节严重，且不存在审理程序特殊之处的案件，一般采取检察机关支持公诉的形式。检察机关对政治类刑事案件的侦查和起诉，通过刘文义汉奸案、李克仁擅自收回已经分配的土地等案，能够得到呈现。政治类案件的检察案例显示，在这类案件的审理中，检察机关公诉实施的侦查、起诉及出庭公诉行为，对审判产生了重要的影响。

二、刘文义汉奸案的侦查及免予起诉处分

该案判决书收集在《陕甘宁边区高等法院判例汇编》之中，可见案件在陕甘宁边区有一定的影响。该案的卷宗号为陕西省档案馆，全宗 15 - 742，卷宗名称为"本院关于判决汉奸刘文义一案的判决书审讯笔录"。卷宗全部内容共 37 页，具体包括如下 8 个部分：

1. 边区高等法院：刘文义刑事判决书。1942 年 3 月 11 日、3 月 26 日，页码 1 ~ 2。

2. 检察处：刘文义起诉书。1941 年 12 月 26 日，页码 3 ~ 4。

3. 刘文义刑事案件处理意见书。1942 年 3 月 9 日，页码 5 ~ 8。

4. 边区绥德分区行政督察专员公署：为呈汉奸刘文义送高等法院审理判决。1941 年 9 月 8 日，页码 9 ~ 10。

5. 刘文义汉奸口供案。8 月 27 日，页码 11 ~ 18。

6. 刘文义侦查笔录。1941 年 10 月 4 日、12 月 18 日，页码 19 ~ 25。

7. 刘文义审讯笔录。1942 年 2 月 10 日、2 月 26 日，页码 26 ~ 35。

8. 刘文义宣判笔录。1942 年 3 月 11 日，页码 36 ~ 37。

上述材料中，检察机关从事的活动主要包括两项：侦查犯罪活动、提出免予起诉的意见。司法档案所揭示的案件发生经过为：

被告刘文义，男，24 岁，湖北宜昌县龙泉镇人，无职业。1940 年农历 11 月间，被告刘文义在山西临县城内纸烟工厂做工，日寇攻陷临县，被告刘文义逃避未及当被日寇俘虏，在日寇特务机关受训 1 个月，受汉奸陈国秉之指使，在临县一带刺探八路军军情，1941 年阴历正月间即化作卖盐商人混进边区，在葭县、米脂、绥德各地刺探军情，曾两次报告于汉奸周嘉荣转报告于汉奸彭怀绪，再转报告于陈国秉，并携带他信（毒药）1 包，企图投入井水陷害民众，携带薛福全证章 1 块，李振全过期路条 1 张，及李政治盐票 1 张，借以掩饰其犯罪行为。1941 年 5 月 5 日在绥德四十里铺被捕。

档案资料缺乏具体的案件侦破细节。最早的口供笔录，标注的时间为 7 月 25 日，可能是刘文义在绥德专员公署时的审讯口供笔录。[①] 第 2 份笔录标注的日期是 8 月 27 日，估计也是绥德专员公署审讯口供笔录。在这两份笔录中，都没有询问时间、地点、询问人员和记录人员的姓名等信息，案卷标注的日期也全部是刘文义签名时标注的，是

①绥德专员公署的全名为"陕甘宁边区绥德分区行政督察专员公署"。

刘文义的字体。是谁主持了这两次询问呢？可能是绥德专属的裁判员宋常华。1941年7月25日《刘文义民刑案件处理登记表》所记载的"裁判员意见"为"送高等法院审核判决"。说明在绥德专属案件由裁判员宋常华负责。但是，笔录中这些最基本的信息的缺乏，表明专署的司法活动，尚缺乏基本的程序规范。

1941年9月8日，绥德专员公署向陕甘宁边区高等法院院长雷（经天），呈请《为汉奸刘文义送高等法院审核判决由》："现将该犯口供连同证据，一并解送钧院详细各情，理合具文呈请，鉴核示准。"

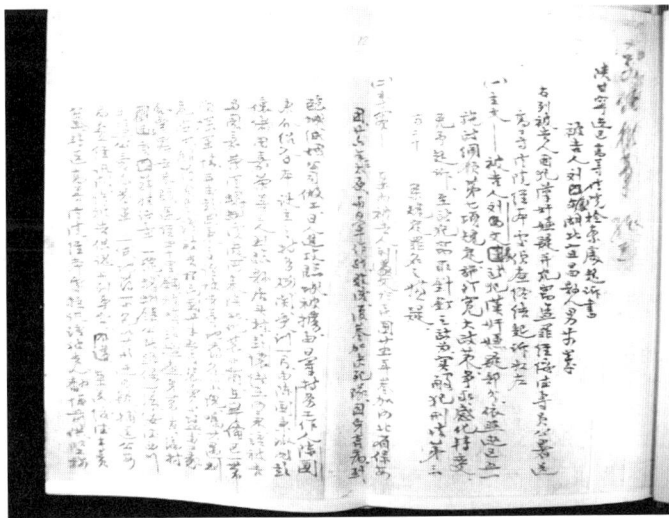

▲ 高等法院检察处就刘文义汉奸案之起诉书（卷宗号 15－742）

案件呈送陕甘宁边区高等法院后，陕甘宁边区高等法院检察处进行了侦查，并提出了对刘文义汉奸罪免予起诉的意见。由此为观察当时检察机关对汉奸罪的公诉职能，提供了翔实的素材。案卷材料也成为我们分析和讨论的出发点：

（一）检察机关对刘文义汉奸案的侦查

检察机关介入刘文义汉奸案侦查询问的时间，为 1941 年 10 月 4 日，距离绥德呈送案卷的时间 9 月 8 日，仅仅 1 个月时间。这期间当然包括犯人、案卷从绥德到延安的解送，以及检察人员对案卷的初步了解和对卷宗的熟悉等环节。检察员刘临福询问被告刘文义的笔录，标题为"侦查笔录"，书记员为"蒙新"。这次询问中，嫌疑人刘文义推翻了先前的口供：①

问：你叫什么名字？多少岁数？哪里人？家还有什么人？

答：刘文义，24 岁，湖北宜昌县人（新龙镇），有父母有兄弟，共 20 口人。

问：你家里有多少土地？有牲口吗？多少房间？有生意吗？有多少钱？

答：三百多亩土地，1 个毛驴，有十一二间房屋，开饭店，都是自己人做，钱没有什么多的。

问：你读过书吗？

答：只读了 1 年书，不认多的字，能够记买卖的账项。

问：你在家做什么？

答：开饭店子，我是招待客的。

问：你什么时候由家里出来？

答：民国 26 年 2 月 22 日由家出来。

---

① 档案中，边区高等法院刑事审判庭庭长任扶中撰写的《刑事案件处理意见书》，对于案件的侦查经过，表述为："被告刘文义之被日军俘虏，受日寇特务训练，以及充当汉奸事实，均系根据绥德县政府的笔录而认定。去年九月间绥德县政府将被告送来本院，经本院前检察处侦查，被告刘文义完全否认汉奸事实，去年十二月三十日将该案送交法庭，被告刘文义仍否认充当汉奸的事实。"

问：出门干什么事？在哪个部队当兵？

答：当兵在保安团里当兵，我们的保安队长叫黄昭勋。

问：你在黄昭勋的队伍上当兵多少时间？

答：从民国 26 年 2 月至 10 月，只有这样一个时期。

问：何时到太原？住了多少时候？

答：26 年 9 月到太原，住了 1 夜。

问：何时到祁县？住了多少时？打仗吗？

答：也是 9 月间，日子我不记了。住了三四天，打仗，和日军打仗。

问：打胜了，还是打败了？

答：打败了。

问：打败以后又去哪里？

答：打败后又去太原。

问：太原驻的哪一部分队伍？你们驻了多少时候？

答：驻的是三十九军傅作义的队伍，住了三四天。

问：你什么时候到决死队？参加的哪一队？

答：民国 26 年 10 月间（大宁县参加的）第四纵队第十一总队一大部二中队。

问：到决死队里了做什么事？

答：到连里当通信员，我们的连长叫王宗仁。

问：你当通信员多少时候？

答：一直当到 1939 年 11 月间，共计 3 年。

问：通信员做什么事？

答：就是有了公事送一送。

问：你以后又做什么事？

答：以后由于我们这一个团叛变了，叛变以后就到临县的纸烟公司做工，这是12月的初旬，住了有半月的样子，又因日机连续的轰炸，故逃往马义村，不久去壶口，在壶口过年。过了年在今年1月9日过河来蟪蜅峪，就和任九海开店。

问：日本俘虏过你吗？

答：没有。

问：没有你为什么说被日本俘虏过呢？

答：因为他们要强迫我承认，严刑拷打我，所以只好承认，他们把我的通行证说是日本的良民证，因为如此，就是因为承认啊。

问：你要很忠实地讲，翻供是对你没有好处的，我们现在实行宽大政策，你现在还是一个青年人，如果能改正错误，我们还是争取你学好的，不要含糊，坦白地讲才能解决问题，你现在说日本是什么时候把你俘虏去的？

答：要我忠实地讲，我是没有被俘虏过，也没有受过特务训练，这是忠实的，否则就都不是忠实的了。如果问我不得已我就说要公家去看的办，说我被俘虏过、受过训练好，我就供被俘虏过、训练过，因为我说是这样，公家说是不相信吗，我还说什么呢。

问：好。你说你没有被俘虏过、受过训练，为什么你有地药呢？

答：地药是我偷来的，听说这个东西很值钱，本来不是偷地药而是偷钉子的，但因为贼偷方便，在偷钉子的时候见有地药，所以就顺便偷去，绝不是当汉奸得来的，这是我忠实的讲话。

问：针是哪里来的？

答：也是偷的，这是在米脂街上摆摊子的地方偷来的两包针。

问：偷的针哪里去了？

答：卖了1大包，是9小包，1小包6角钱，本来要卖洋12元，但得到的定价都是11元5角，地药卖了2元7角5，共计洋14元2角5。

问：你今天为什么要翻供呢？

答：不是我翻供，是我有什么说什么，并不是我翻供。

问：你知道陈国丙、周加荣、彭怀绪3人在哪里？他们哪个人有名？哪个人好找？

答：这3个人我都知道，他们3个都在决死队四总队十一纵队一大队二中队，周加荣比较有名一些，因为他当通信班班长，因此他也比较好找一些，陈国丙和彭怀绪在这里是当通信员的。

问：薛福全是哪一省、哪一县、哪一区、哪一乡村人？

答：薛福全是山西省离石与临县西县之间，距壶口20里地，村石塔上村。

问：你的通告证上写的什么字？多少号？

答：山西临县碛渍六区麻焉编村，通告证149号，中华民国29年。

问：和你过河的都是些什么人？

答：薛守义、薛补根、薛虎儿、薛补英等8个人。

问：这几个人现在在哪里？

答：薛虎儿回家去了，薛守义、薛补根和薛补英现在吴堡县郅家沟纺织第二厂做工。

问：薛守义这3个人是不是也带有和你同样的通告证呢？

答：有和我一样的通行证，他们可以证明我的一切。

问：除上述数人还有什么人可以证明你？

答：薛子明在临县城内统字贸易局纸烟公司当掌柜的，（常住后山麻子五坡上，距临县城北5里地）此人可以证明我。我再说明一点，我带的通告证不是我的，是薛福全的，暂借我用。

问：你再有话说吗？

答：没有了。

检察员的侦查活动，围绕犯罪事实展开，且重点非常清楚。对于嫌疑人翻供，审讯时作出了恰当的处置：详细询问翻供的原因，作为证据的物品的来源，对于整个事件嫌疑人的辩解，等等。

第2次侦查询问的时间为1941年12月28日，询问的目的是解决翻供的具体原因：

问：刘文义，你为什么在这里的口供和在绥德的口供不同呢？

答：因为在绥德我不说人家不许，所以我只有那样说，但在这里我说的话都是忠实的。

问：你在这里时间很长了，你有什么讲什么，很忠实的，我们给你解决问题。

答：我给你说，我偷人是实，正因为我偷了人，被绥德逮来审讯。但在看守所里，我得罪了一个法警，因此他说我有日本良民证，是汉奸。

问：你对徐志义的口供为什么要翻供呢？

答：因为他苦打成招，我不说不得行。

问：徐志义怎样拷打你？在什么时候？什么地方？

答：哪天拷打我就忘了，怎样拷打我，他第1次要我承认当汉奸，我不，他遂罚我站三天三夜。我力尽不能支持，欲虚脱，我当汉奸免其难堪之苦拷，但觉事关重大，再三忍受，终未言当汉奸情事，他看我不说，又在第2次施行绳捆，要我承认当汉奸，我亦未承认。至第3次他拿着杠子、夹板和水要我承认此事，我看如此情景，遂胆寒，自思要不承认非受今天的苦刑不可，如虚言我当汉奸，如此如此，其实皆虚言，并无其事。

问：你说第3次把你压了一杠子，为什么你又说第2次没有压你，你见有杠子未压即供当汉奸，如此如此，你为什么说法前后不符呢？

答：我把话听岔了，我现在说第3次又压我一杠子，第4次又要压我，我看见摆有杠子夹板，遂胆寒，遂成招当汉奸之虚言。

问：第4次你承认当汉奸没有？

答：承认了，因为不承认非受苦刑不可。

问：第5次怎么样？

答：第5次坐了一板凳。

问：第4次你就承认了当汉奸，为什么第5次还要你坐板凳呢？

答：他说我还未承认完，故第5次要我坐板凳。

问：你第4次承认了些什么？第5次又承认了什么？

答：第4次我承认当了侦探两回，并说和姓周的周加云当侦探事。因为我俩被俘管押3天，后放我当侦探，为什么这样说呢，不然要受刑，但还不信。他又问，不受训练能当侦探吗，我遂说受训1月。第5次他问我是怎样过河的，我说是和周加云过来的，走到绥德分别，并不知去向，他不信，我又虚言在街上某店找着，实并无其人。

问：捆你、压你、打你，都有什么伤故？怎样压的？

答：捆后、压后、坐板凳后，有伤故，现在为时很久，没有伤故了，惟手腕上，现尚有微痕（检验却无），压我是用杠子压在我的双腿上面，端端有人。

问：捆你是哪天？谁见？

答：日子忘了，无人见。我被捆后回看守所，将捆肿之手给李如红呈看过，所以他知道。

问：专员公署问过你吗？

答：姓孙的问过我一次，名字我不记了。

问：专员公署怎样问你？打你没有？

答：没有打我，问我怎样当汉奸，我说没有此事，我所以说当汉奸是因为苦打成招，并非事实。

问：专员公署未打你，你为什么承认呢？

答：我并未承认，因为他们问我在徐志义那里的口供，我说都是我说的，他们就以为是事实，故将徐志义处的口供全部录上。

问：你的地药哪里来的？

答：在米脂偷下人的。

问：你偷下地药干什么？

答：为了卖钱。

问：针是哪里来的？

答：四十里铺偷下人的。

问：你为什么扯你拿的良民证呢？

答：不是良民证是通行证，扯的因为过了时限，没有效用了。

问：据你说你抗日抗出这样的下场，看来好像你是受冤，我问你抗日是不是偷人呢？并且还偷的是有嫌疑的东西，你说这够道理不够道理？

答：偷人是我的错误，偷地药、针是为了卖钱，为生没有另外用意，所谓"良民证"原是通行证。

问：你再有说的吗？

答：没有了。

第 2 次讯问采取单刀直入的方式，查明翻供的原因。相对于检察员工作的重点，本次讯问特别详细地关注了有关刑讯逼供的细节。对于嫌疑人的辩解，也再一次进行了反复的讯问。这次讯问表明，前后两次嫌疑人关于汉奸罪的供述，基本保持了一致。由于高等法院检察工作的机制，仅仅是核对相关的证据，讯问嫌疑人等手段和方式，两次讯问成为作出不起诉处分意见的基础。

（二）审判机关没有采纳检察机关对刘文义汉奸案的不起诉意见

两次侦查讯问后，检察机关对案件进行了详细的分析，并于1941 年 12 月 26 日制作了"陕甘宁边区高等法院检察处起诉书"。起诉书指控：被告人刘文义"因犯汉奸嫌疑，并犯窃盗罪，经绥德专员公署送高等法院，经本处侦查终结"，明确的起诉意见是："被告人刘文义所犯汉奸嫌疑部分，依照边区《五一施政纲领》第七项规定施行宽大政策，争取感化转变，免予起诉，至所犯窃取针钉之所为，实触犯刑法第三百二十条规定罪名之嫌疑。"起诉书认为：

案内被告人汉奸部分之事实，在公安局已经承认，后在专员公署即行翻供，称为严刑所逼，经开导后又复承认，并电称：刺探三五九旅军情，以及受特务训练上课各情形如绘。到本处讯问，则称专署口供是他们照公安局的口供写的等语，殊难置信。据查该被告在专署七月二十五日供称："我以前所做的事情真对不起政府，只要政府让我活了，我今后再不敢做这些汉奸的坏事情"等语，而非毫无觉悟之人。查边区《五一施政纲领》第七项内载："对于汉奸分子，除绝对坚决不愿改悔者外，不问其过去行为如何，一律施行宽大政策，争取感化转变，不得加以杀害"等语。依此规定，该被告汉奸部分免予起诉，唯自行承认之窃取钉针之所为，实触犯刑法第三百二十条规定之罪名，依法应予处罚。

检察员刘临福以检察处的名义，"特将起诉书连同卷宗一并送请"陕甘宁边区高等法院刑事庭审判。陕甘宁边区高等法院院长雷经天在起诉书上批示："交任推事。经天。"由此可见，由检察员制作的起诉书，直接呈送给了院长本人。反观陕甘宁边区高等法院刑事庭庭长任扶中所拟《刑事案件处理意见书》，提出的处理"意见"却是："处理意见：被告刘文义之当汉奸，初由被日寇俘虏，被日寇之强迫，事后又贪图小利，从事进行汉奸活动，不过为时未久，非坚决愿当汉奸，况又是一个青年，尚可争取教育。照共产党的宽大政策，可处以有期徒刑二年，是否适当，请院长核夺。"而院长雷经天的批示为"可拟判决"。判决书虽然载明"本院刑事法庭判决"，但院长雷经天仍然在判决书上批示"行"字，赋予了认可和执行判决的法律含义。如果说陕甘宁边区存在过"司法独立"的争论，在检察制度和审判制度两个层面，讨论的完全是不同性质的问题。

陕甘宁边区检察制度中，检察官活动的独立性，由此可见一斑。

（三）检察机关对刘文义汉奸案的审理产生的影响

检察机关根据边区《五一施政纲领》提出起诉意见，为案件的判决确定了基调，刘文义汉奸案的判决书，基本遵循着起诉书的思路，陕甘宁边区高等法院最后做出了"刘文义汉奸罪判处有期徒刑二年"的具体判决，其主要的理由，便是"唯其本意尚非坚决不愿改悔"。这也正是起诉书中的原话，起诉书认为：

据查该被告在专署七月二十五日供称："我以前所做的事情真对不起政府，只要政府让我活了，我今后再不敢做这些汉奸的坏事情"

等语，而非毫无觉悟之人。

起诉书关于刘文义是否犯有汉奸罪的事实，认为：

案内被告人汉奸部分之事实，在公安局已经承认，后在专员公署即行翻供，称为严刑所逼，经开导后又复承认，并称刺探三五九旅军情，以及受特务训练上课各情形如绘。到本处讯问，则称专署口供是他们照公安局的口供写的等语，殊难置信。

被告刘文义的辩护理由不能成立，这从起诉书引用关于《五一施政纲领》对汉奸罪处理的相关规定，也相互印证了起诉书对刘文义汉奸罪事实认定的态度。

判决书基本采信了起诉书关于事实认定的意见，判决书认为：

被告刘文义被捕之后曾在绥德县政府供出上述事实，且其供述非有强迫、利诱、欺诈或其他不正当之方法，又无致其虚伪陈述之原因，依法自当采为证据而为论断，被告刘文义在本院法庭否认有充当汉奸事实，时地信（毒药）是偷来的，洋二元七角五分，时供卖洋四元五角，不能自圆其词。其携带薛福全证章、李振全过期路条及李政治之盐票，原因供词异常支吾，显系借词狡赖。

但是，起诉书关于案件处理的实质性意见，判决书并没有采纳。起诉书对刘文义汉奸罪，作出了"该被告汉奸部分免予起诉"的处理意见。本来，法院对被告罪名和刑事责任的追究，都应以检察机关的指控为法理根据，检察机关免予起诉的汉奸犯罪事实和罪名，审判机关应当予以认可，除非经过专门的法律程序，改变检察机关的决定。但是，陕甘宁边区实行所谓的"半职权主义"，本案中对于检察机关免予起诉的刘文义汉奸罪，陕甘宁边区高等法院进行认定并判处了刑罚。相反，对于检察机关起诉指控的盗窃罪，陕甘宁边区高等法院根本就没有在判决中予以回应。

此案经过了检察机关的侦查、不起诉处分，判决书却对检察机关的参与活动只字未提，主要原因可能是自己也觉得对于免于起诉的罪名进行追究，属于牵强附会。当然，检察机关在案件宣判时已经被撤销，也是判决书没有说明检察机关参与案件审理的原因之一。在陕甘宁边区高等法院刑事庭庭长任扶中所写的《刑事案件处理意见书》中，已经列明了公诉机关"本院前检察处"。

三、李克仁擅自收回已经分配的土地等案的侦查与公诉

该案的材料收集在《关于李克仁放弃职守，脱离革命，擅自收回已经分配的土地，放纵买卖婚姻，违反边区法令案全案材料》中，卷宗号为陕西省档案馆，全宗 15 - 578，共计 25 页，档案材料具体包括如下 7 个部分：

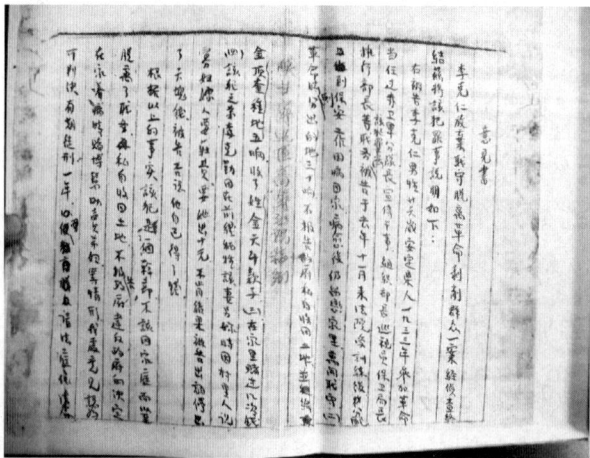
▲ 高等法院检察处就李克仁案件之公诉意见书
（卷宗号 15 - 578）

1. 边区高等法院对李克仁的判决，1938 年 8 月 10 日，第 1 页。

2. 边区高等法院李克仁放弃职守脱离革命剥削群众案卷，1938 年 7 月 21 日，第 2 ~ 4 页。

3. 徐时奎对李克仁的侦查笔录，1938 年 8 月 4 日，第 5~9 页。

4. 徐时奎对李克仁的意见书，1938 年 8 月 5 日，第 10 ~ 11 页。

5. 边区高等法院审问李克仁的笔录，1938 年 8 月 3 日，第 12 ~ 20 页。

6. 任扶中对李克仁犯罪事实的意见，1938 年 8 月 9 日，第 21 ~ 22 页。

7. 边区高等法院对李克仁的宣判笔录，1938 年 8 月 10 日，第 23 ~ 25 页。

上述材料表明，检察机关在案件中的活动，主要包括两项：侦查犯罪事实、提起公诉。具体包括：

（一）侦查犯罪事实

1938 年 8 月 4 日上午 10 时，边区高等法院检察处检察员徐时奎对嫌疑人李克仁进行了询问，书记员为吴树琴。询问主要针对有关的犯罪事实和证据进行询问：

问：叫什么？几岁？哪里人？

答：李克仁，26 岁了，住安定县王家湾联保。

问：家有几人？有多少地？

答：有 3 人，革命前有 30 垧地，革命前是已去榆林，革命后，都分了地给人家了。

问：过去在家做什么？

答：念了四五年书，种了 4 年地，这是在革命前。

问：哪年参加革命？

答：1933 年，在当地赤卫军当分队长，担任宣传干事，后在区上当组织部长，后在县上当巡视员，后在秀延县保卫局当过局长，后在县保卫局当执行部长，后我回家了。因病——1936 年后在子长县保卫局当执行科长后病了，后又在秀延县保卫局当执行科长，后在安定县委当组织干事，后就到延边区受训，分配到保安工作，因病请假回家。

问：你是一个老干部，说留恋家庭，脱离职务，不要说是病。你为什么不到医院，你是干部，我同你谈话，你把错误一条条地说出来。

答：家庭观念我是有的，因我家里只有1个女人、1个小孩子，在统一战线区，没有办法维持生活，我曾向上级请假回家，那时我因生疥疮，那时法院来信给安定县检查我的病，我到安定检查是病，我写信给法院请假，法院回信，若是病了，等好了后到保安工作，当时，不但我生疮，我家里都生疮，安定县来信叫我去，我因家里同我生疮不能去，当然也是家庭观念重。后来，病好了点，我就到县委里去，他们说上面的干部这里不分配工作，因家庭观念重，我就在家种了四五垧地。就是这样情形。

问：这地是你自己的吗？

答：分给我的11垧地，因统一战线成立富农地主，把地收回去，原来我的土地是给李生荣、李树堂、王四儿3家分去了，后来王四儿回绥德去了，他的地就不要了，那地空在那里，那时分给李树堂的地，因把自己的地分出去收回了，我的地他不要了，我种了2垧地，没有告诉政府，还有5垧地是姓金的种了。

问：你用了李克义几块钱？为什么？

答：我用了4块线，他卖地叫我给他画押，后来给了4块钱。

问：你做什么用了？

答：因病得很厉害，人家劝我买洋烟吃，我用3块半钱买了一两洋烟。

问：你要回地得了多少担谷？

答：他给我租，我不要，他后来说私人的感情，给我 6 斗谷子。

问：你是干部要忠实地承认错误，你和他是同姓还是亲戚？

答：我忠实讲了，你不相信去调查，我同他是朋友，他给我租子，我说我的地分了，我未收。后他给我 6 斗谷子，是私人感情，不是当租，我才收了。

问：姓啥叫什么？

答：金顶奎，是绥德人。

问：你为什么在家里赌博？

答：我只是同人家写棋吊牌，这事没有耍过。

问：你为什么不让李克勤夫人另嫁人？

答：因李克勤在前线死了，她要与别人结婚，村里的人阻住轿子不给走，因为村里说是寡妇嫁人要庄费，庄子里的人要 10 块钱，我调和，给 6 块钱，就是这样的事。

问：你为什么不反对，不许卖人，你还去说 6 块钱，你在其中得了几块钱？

答：我没有得到 1 块，你们可以调查。

问：你自己讲一讲，你主要的错误在哪里？

答：第一，家庭观念重是不对的；第二，在统一战线人家土地不管，我也不管，这是不对的；第三，在家病了不该赌博；第四，一个要卖钱一个不卖钱，我不该调解出 6 块钱。

问：你离开职务是不对的，再在家里赌钱，你收人家的 6 斗谷子，这也是不对的，你是共产党员要做模范，人家卖人是不对的，你还去调和这也是不对的，你回去好好地想想。①

由于犯罪事实清楚，1938 年 8 月 5 日，边区高等法院检察处检察员徐时奎代表检察处，提出了《起诉意见书》，认为：

李克仁放弃职守、脱离革命、剥削群众一案，经侦查终结，兹将该犯罪事说明如下：

被告李克仁，男，26 岁，安定县人，1933 年参加革命，当任过赤卫军分队长、宣传干事、组织部长、巡视员、保卫局长、执行部长等。

李克仁的犯罪事实：

第一，被告于去年 11 月去法院受训练后，分配到保安工作，因病回家，病愈后仍留恋家里，离开职守。

第二，革命时划分出的地 30 垧，不报告政府，私自收回土地，并给金顶奎种地 5 垧，收了姓金的 6 斗谷子。

第三，在家里赌过几次钱。

第四，该犯之弟李克勤因在前线牺牲，该妻另嫁时，因村里人说寡妇嫁人要庄费，要她出 10 元不肯，结果被告出面调停，出了 6 块钱，被告否认自己得了钱。

（二）提起公诉

根据侦查认定的事实，检察员认为：该犯是一个干部，不该回家庭，而以至脱离了职务。其私自收回土地，不报告政府，违反政府的决定。在家养病时赌博，帮助卖弟媳等情形，我处意见，认为可判决

---

① 《徐时奎对李克仁的询问笔录》，参见《关于李克仁放弃职守，脱离革命，擅自收回已经分配的土地，放纵买卖婚姻，违反边区法令案全案材料》，陕西省档案馆，卷宗号：15 - 578。

有期徒刑1年，请法庭依法办理（附口供一份）。①

通过侦查活动，检察员徐时奎及时查清了李克仁的犯罪事实，经检察机关侦查终结，检察员徐时奎认定其犯罪事实清楚，证据确凿充分，经充分分析研究后作出起诉决定，并以国家检察员名义，向陕甘宁边区高等法院提起公诉，要求判处嫌疑人有期徒刑1年。

此后，陕甘宁边区高等法院刑事法推事任扶中先后两次审讯了李克仁，法院认定的李克仁的犯罪事实为：

1. 李克仁，在革命前有地32行，经没收分给李树堂12行、王四儿12行，李生荣8行。去岁李树堂因分有别的地，把分得李克仁的地不种了，该犯即把分给李树堂的地收回9行（另3行是荒地），租给金顶奎7行，他自己种2行。去岁曾收地租6斗（不承认是地租，只是说人情）。今岁旧历4月，又将该地租与金顶奎，言明每年地租7斗。

王四儿分的土地（李克仁的），因王四儿去绥德2年未归，那地荒着无人耕种，该犯说："能租出去就租，不能租出去不管。"并且有人向他说租这地（纪律允许），该犯虽未在该土地上耕种，及未允许租给别人，可见有将该地收回的企图。

李生荣的地李克仁他未收回，但他叔父将该地收回4行，该犯未加阻止，亦未报告。

2. 李克勤卖人口时，该犯曾帮助说庄礼（是买人的人偿给卖人的庄村上的礼物）6元，虽坚不承认使钱，也应构成帮助买卖人口的罪名。

---

① 徐时奎对李克仁案的《起诉意见书》，参见《关于李克仁放弃职守，脱离革命，擅自收回已经分配的土地，放纵买卖婚姻，违反边区法令案全案材料》，陕西省档案馆，卷宗号：15-578。

3. 他今年曾与别人赌博（赢洋 4 元），吸食鸦片（李克勤找卖地，该犯画押，买地的人给该犯洋 4 元，该犯以 3 元半买烟吸了）。

4. 该犯不承认放弃职务，但他在家能替人家管买卖人口事，能赌博，是证有放弃职务的意思。①

可见，法院基本采纳了检察员关于事实认定的意见，在此基础上，经过陕甘宁边区高等法院刑事审判庭庭长雷经天核准，于 1938 年 8 月 10 日作出了判决："李克仁故意违反边区政府的法令，犯擅自收回已经分配的土地等罪，判处有期徒刑二年。"

四、政治类刑事案件中检察运行的特点

陕甘宁边区检察机关对政治类犯罪的侦查、起诉，采取了十分慎重的态度。刘文义汉奸案的事实认定，确实存在许多疑窦：没有直接证据证明刘文义从事了汉奸犯罪行为，其口供中所称的同案犯，亦即陕甘宁边区高等法院刑事庭庭长任扶中所写的《刑事案件处理意见书》所称的"关系人"，全部没有下落："陈国秉——日寇特务机关人员，对其经历不详。周嘉荣——在日寇特务机关受过训练，对其经历不详。彭怀绪——日寇特务机关人员，对其经历不详。"其他证据，都非直接证据，而且相互之间，缺乏支持和印证，不能排除被告刘文义在公安侦查阶段受到刑讯，作出虚假陈述的可能："我们以为用刑逼供是不对的，易使被刑讯者虚伪陈述，然另一方面用刑逼供也有可能

---

① 参见任扶中：《李可仁的犯罪事实》，载《关于李克仁放弃职守，脱离革命，擅自收回已经分配的土地，放纵买卖婚姻，违反边区法令案全案材料》，陕西省档案馆，卷宗号：15-578。

得到某些真实的事实，被告被捕在绥德白家沟受刑，或者有一部分事实，但也不能肯定说被告所供受刑完全正确。"[1]

陕甘宁边区高等法院刑事庭庭长任扶中所写的《刑事案件处理意见书》，根据推论而非证据，对案件事实进行了认定：

1. 被告刘文义供称：在绥德县政府并未受刑讯，但其在绥德县政府的口供，如供称："在特务机关受讯一个月"、"共有受训的十四人"、"陈国秉担任的材料是灭华反共"、"侦探八路军消息"、"今后再不敢作汉奸的坏事"，质之被告刘文义，则在法庭供称："以前并未听说过特务机关这个名词，也不知灭华反共如何讲解"，我们以为，如其事先不知此等名词，在其糊涂时也不会说出此话，显见其企图掩饰其犯罪行为。

2. 被告在法庭供称"未曾被日军俘虏"，"当夜在临县城内听说日军进城了，拿了一筐米和炭，逃出城外马义村，寻找到纸烟工厂的人员"。但另一方面，在事前该纸烟工厂的主人向被告刘文义说："如消息不好时东西不管了，令其一人往城外跑"，被告刘文义不是纸烟工厂的主人，该工厂主人事先搬至城外马义村，被告刘文义也知道，当日军进城情况十分紧急，何须再带着笨重的米炭逃跑，况且带米炭又非该工厂主人之意思，又不是逃出去没东西吃，可见借词掩饰。

3. 在法庭供称所带地信（地药）1两8钱是在米脂街小摊上偷来的，在四十里铺卖去1两5钱，价4元5角，而在检察处所供称地药共卖洋2元7角5分，足见其故意搪塞。

---

[1] 在陕甘宁边区的司法活动中，关于非法证据的排除，尚未予以讨论和关注。虽然相关的立法明确反对刑讯逼供，但是，在广大司法人员中，这样的立法内容被彻底得到贯彻，仍然需要一定的过程。

4. 被告供称去年 4 月初旬在绥德四十里铺偷针 2 大包，共卖洋 11 元 5 角，但其在检察处供称"是在米脂街上摆摊子的地方偷来的两包针"。设其为偷针，也不会时供在米脂街上偷的，时供在绥德四十里铺偷的，设其所偷的针卖掉，何以独留小针 1 个，而且卖价不符，其持小针亦可能另有企图，不能以其所有小针，是由于偷来。

5. 被告刘文义身带薛福全的通行证 1 块及李振全路条 1 张，李政治盐票 1 张，前后名字不符，供称系借用的，设其为良民，何必借用他人路条，而且路条中所载"去延长种地"。由此可以证明被告来历不明，可能以化名掩护其进行汉奸活动。

上述法律文书中，分析的结论是"可以证明被告之来历不明"，而非被告从事了所指控的犯罪行为（"免予起诉"等于缺乏指控），在"进行汉奸之活动"之前，加上修饰性定语"可能以化名掩护"，更是增强了事实认定的不确定性，存在"可能"之外的其他情形。

而且，陕甘宁边区高等法院是在检察机关明确对刘文义的汉奸罪"免予起诉"的情况下，作出了有罪判决，科处了刑罚。撇开检察机关被撤销的客观环境，如果检察机关正常存在，检察工作正常开展的话，对于审判机关的类似活动，本身就构成了具体的检察内容。另外，在李克仁擅自收回已经分配的土地等案中，检察机关建议的量刑为有期徒刑 1 年，但法院判处的实际刑罚为有期徒刑 2 年。法院对具体案件的量刑，也未受检察机关建议的约束。检察制度对于案件的公正审理所起到的作用得到了印证。①

　　检察机关的活动表明，检察员在具体案件的侦查、起诉或者免予起诉等职能履行过程中，追求并保证对政治类犯罪公诉的效果。这是由政治类犯罪自身具有的特点所决定的。政治类犯罪由于其所具有的敏感性，成为社会各界关注的焦点。越是在这样的状况下，越应当保证这类案件的审理质量。检察机关独特的视角，对这类案件的公正审理，具有重要的意义。

---

① 关于检察制度是否需要的讨论，陕甘宁边区确实存在相互矛盾的表述："检察制度是很好的，不过现在边区社会简单，案情亦不甚复杂，同时又在战争期间，组织机构不需要那样庞大。另外几点原因是，一、司法机关法院不只是审判，同样可以检举犯罪，可以说是审检合一；二、依施政纲领第六条规定，'人民有用无论何种方式控告任何公务人员非法行为之权利。'三、保安机关及群众团体有检举权。四、对于受害主张不属于国家的案件，准许进行调解。因此暂时不采用检察制度。"参见《边区高等法院拟制"论边区司法答客问"和司法问题汇集》，陕甘宁边区高等法院15-58。只强调"暂时不采用检察制度"，采用检察制度的话，是否会对案件的审理产生更加积极的影响？丝毫没有回应。在《边区高等法院关于招待中外记者团的总结及问答记录》中，增加的理由是："不过正值边区精兵简政的时候，宁可把干部请到生产方面去，不愿留在机关作无谓的浪费，这从增加人民的负担来说也是不必要的。"参见《陕甘宁边区高等法院：边区高等法院关于招待中外记者团的总结及问答记录》，陕西省档案馆，卷宗号：15-61。

第五章

检察制度存废之争

陕甘宁边区检察制度史有一个显著特点,即在检察制度发展过程中出现过几次废立,且从 1942 年废除检察制度后,针对检察制度是否需要继续存在,有两种不同的声音,并展开了理论的争论。如李木庵等人主张建立独立的检察制度,雷经天等人则主张废除检察制度。在 1943 年的司法检讨中,由于这场争论争锋相对,加之司法界的主要领导人参加了讨论,争论的结果直接影响了检察制度的走向——检察制度被废除。这场争论厘清了许多模糊的认识,为检察制度的发展奠定了思想基础,意义深远。

一、背景介绍

陕甘宁边区检察制度的存废之争，发生于 1943 年初的司法大检讨期间，正逢边区学习文件、思想检查刚刚结束，审查干部、清理队伍的抢救运动轰轰烈烈开始之际。在边区高等法院的 36 名司法干部中，竟发现了 17 名问题人士。在此之前，高等法院原院长雷经天于 1942 年 6 月 9 日，带职去党校学习，由李木庵作代院长。在 1943 年初，从党校学习回来的雷经天，首先从高等法院 1942 年的工作审查开始做起，认为高等法院 1942 年的工作犯了严重的错误，思想上的独立主义，政治上的自由主义，业务上的教条主义，作风上的文牍主义、事务主义、官僚主义等，把李木庵在高等法院的工作重新评判，对朱婴等在边区的所作所为进行重新审视，在延安整风、审干的背景下，一场轰轰烈烈的司法检讨开始隆重上演。① 在此次司法检讨中涉及的问题主要有审级制度、司法的地位、检察制度的地位及存废、司法干部的任用条件及培训等。

在现有的有关陕甘宁边区司法制度研究成果中，涉及 1943 年司

---

① 关于此次司法检讨的原因，除整风审干运动中反对主观主义、宗派主义、党八股及清除特务等影响之外，还涉及双方当事人之间，平时因意见不合而产生的恩恩怨怨。雷经天 1942 年带职去党校学习的原因，就是因为这些白区来的具有法律专业知识的人士，批评边区司法的游击主义作风，边区政府决定让雷经天带职去党校学习，由李木庵任代院长，总理高等法院一切事务，并着手进行大幅度改革。在判决书的制作、法官的任用条件等方面都做了严格的限制，许多知识文化层次很低的原有法官被辞退，大量文化层次比较高的人被培训为法官，并被赋予重任。1943 年归来的雷经天及被辞退的人对这些举措极为不满，此时恰逢审查干部、清理特务的抢救运动轰轰烈烈开始之际，雷经天等首先将这些人清理出来，再对其工作进行详细批评。参见《雷经天、李木庵在司法工作检讨会上的发言记录》，陕西省档案馆，卷宗号：15－96。

法大检讨的当属汪世荣教授等著的《新中国司法制度的基石》，①及侯欣一教授著的《从司法为民到人民司法：陕甘宁边区大众化司法制度研究》②。不过，上述两部专著均未对边区检察制度的地位与存废之争作详细的论述。

需要交代的是双方当事人及对此次检讨进行定夺的裁判者。在此次检讨中，反对检察独立、主张废除检察制度的主要代表人为雷经天。要求建立检察制度并主张检察独立的人士主要是来自白区、受过专业法律教育的知识分子，主要代表有李木庵、朱婴及鲁佛民等。双方的裁判者是谢觉哉、李维汉、林伯渠，他们是当时司法、党政方面的主要领导人。③为了更好地了解双方的主张，有必要将参加讨论双方的背景与经历进行比较详细的介绍：

雷经天（1904～1959），原名雷荣璞，广西南宁人，商人家庭出生。早年在家乡求学，五四时期投身学生运动，被选为南宁市学联主席。1923年考取厦门大学理科，翌年转入上海大夏大学，1925年加入中国共产党。他先后参加了北伐战争、广州起义和广西右江根据地的创建工作，曾任右江苏维埃政府主席。1930年因反对中共中央领导人命令红七军北上攻打城市的错误决定，被免去特委书记和主席的职务，接着被开除党籍，1931年恢复党籍。不久在肃反中被诬陷，又被开除党籍。1935年，随军到陕北后，重新入党，并曾在中华苏维埃共和国中央政府粮食部任科长。不久调到陕甘宁边区高等法院工

①参见汪世荣、刘全娥、王吉德等：《新中国司法制度的基石》，商务印书馆2011年版，第269～286页。

②参见侯欣一：《从司法为民到人民司法：陕甘宁边区大众化司法制度研究》，中国政法大学出版社2007版，第125～181页。

③通过司法工作检讨会上的发言记录，可知双方的代言人和当时的裁判者。参见《雷经天、李木庵在司法工作检讨会上的发言记录》，陕西省档案馆，卷宗号：15－96。

作，先后任庭长、代理院长和院长。1945 年初，调任八路军南下第三支队政委。日本宣布投降后，正在南下途中的雷经天奉命去东北。1946 年，雷经天被调到张家口，任中共晋察冀中央局秘书长。1950 年 6 月，雷经天调任中华人民共和国最高人民法院中南分院院长。1956 年，调任华东政法学院院长兼党委书记。后又调任上海社会科学院院长。1959 年 8 月，病逝于上海。①

李木庵（1884～1959），原名李振坤，字典午，又名李清泉，1930 年改名木庵，湖南桂阳人。少时读四书五经，考中清末秀才。后就学于长沙岳麓书院，后又赴北京国子监太学进修。1905 年从京师法政学堂毕业后任教，宣传革新观点。1911 年辛亥革命后，任广州地方检察厅检察长，后被排挤离任，到北京、天津担任律师，筹组两地律师公会，在北京举办司法储才所。1914 年去福建办学，兼理省路局路政。此后任闽侯县地方检察厅厅长、闽侯县知事（县长）、福建督军公署秘书等职。1922 年卸职到北京赋闲，此期接受革命思想，参加国民革命运动。1925 年春赴福建进行兵运工作，联络争取闽军旅长曹万顺等反正，加入国民革命军，被编入第十七军，任第十七军政治部主任。1925 年夏，李木庵加入中国共产党。1931 年曾回湖南家乡，准备组织农民武装，被反动当局发觉被迫转去南京。此后以开办律师事务所为职业，并在八卦洲买荒种地，经常掩护革命活动。1936 年春被中共上海地下党组织派往西安开辟工作，到杨虎城部宪兵营任书记。1939 年秋开办桂阳县战时中学，任校长。1940 年

---

① 参见廖盖隆主编：《中国共产党历史大辞典》（总论·人物），中共中央党校出版社 1991 年版，第 565～566 页；盛平主编：《中国共产党人名大辞典》，中国国际广播出版社 1991 年版，第 771 页。关于雷经天的出生日期，还有一种说法是1903 年。参见赵金康：《试论雷经天的司法思想》，载《史学月刊》2008 年第 10期。

冬因国民党当局企图秘密杀害他，被迫赴延安。1941 年起陆续担任陕甘宁边区政府高等法院检察长、代院长。1943 年司法检讨之后任陕甘宁边区参议会参议员、法律顾问和中国解放区行动纲领起草委员会委员。解放战争时期任中共中央法律委员会委员，参与起草新政协《共同纲领》等重要文件。中华人民共和国成立后，历任中央人民政府司法部党组书记和副部长，兼任政务院政治法律委员会委员和法制委员会刑事法规委员会主任委员，1955 年任最高人民法院顾问和湖南省政协副主席等职。①

朱婴（1889～1970），又名辟安，湖南华容县护城村人。朱婴早年读私塾，1921 年夏考入北京朝阳大学法律系。1924 年加入国民党，次年加入共产主义青年团，后转为中国共产党党员。1931 年 3 月，朱婴因参加罗章龙反对中共六届四中全会精神的非常委员会，被开除党籍。但他仍然坚持革命工作。1938 年 2 月，朱婴接受董必武关于在国民党区内办教育、推动抗日、输送青年赴延安的指示，回华容创办"东山中学"。聘请董必武、沈钧儒、黄松龄等知名人士组成"东山中学校董会"，董必武为名誉董事长，朱婴任校长。学生 200 多人，设 5 个教学班。不久受到华容县政府干涉和中统特务的破坏，被迫停办。朱婴当机立断，带领学生 10 多人和家眷，打着"湖南东山大学抗日救亡旅行团"的旗帜，步行奔赴延安。到延安后不久，朱婴被安排到陕甘宁边区司法训练班任教务主任，随后改任高等法院秘书。1941 年初改任陕甘宁边区政府秘书。1943 年在司法大检讨中曾被批

①参见桂阳县志编纂委员会：《桂阳县志》，中国文史出版社 1994 年版，第 780 页；徐友春主编：《民国人物大辞典》（上），河北人民出版社 2007 年版，第 454 页；廖盖隆主编：《中国共产党历史大辞典》（总论·人物），中共中央党校出版社 1991 年版，第 266 页；《雷经天同志的司法工作检讨及绥德县 1944 年司法工作总结》，陕西省档案馆，卷宗号：2－680。

判，被定性为不可靠的人、特务分子。抢救运动过后，仍在高等法院秘书室工作。1946 年 5 月由刘耀三介绍，中共中央西北局批准，重新加入共产党。新中国建立之初，朱婴任西北军政委员会司法部副部长，1950 年 7 月任司法部司长。1953 年任最高法院西北分院秘书长。1954 年 10 月任西北大学党委书记。1958 年 9 月任陕西省科委副主任，陕西省政协第二届委员、第三届常委。为建立和发展党的司法工作，正规、系统地培养司法干部，发展西北高等教育和陕西科学技术事业作出了有益的贡献。在"文化大革命"中，朱婴遭到极"左"路线的迫害，身体精神均受到摧残，被迫还乡。1970 年 7 月 11 日病逝于华容。①

鲁佛民（1881～1944），名鲁琛，字献卿，佛民为其别号，寓意"我不入地狱，谁入地狱"，山东济南市北园沃家庄人。少时父母双亡，依赖亲友接济，求学苦读。1912 年冬季以优异成绩考入山东法政专门学校。1914 年，鲁佛民从山东法政学校毕业。1916 年，在济南联合山东法政专门学校的同学创办《公言报》。同时，经友人介绍，任山东高等检察厅工作。1917 年取得律师证书，开始挂牌经营律师业务，兼省立高小教员。1926 年 10 月，由中共山东区委书记吴芳介绍加入中国共产党。"七七"事变后，鲁佛民由北平转赴延安，受到毛泽东接见。他向毛泽东汇报了在北平十年的情况时，毛泽东赞誉他"十年党节可嘉"。不久，任陕甘宁边区政府教育厅秘书。1938 年春，调至边区政府秘书处，担任对外文件及法院重点案件的处理，

---

① 参见华容县县志编纂委员会：《华容县志》，中国文史出版社 1992 年版，第 783～784 页；《雷经天、李木庵在司法工作检讨会上的发言记录》，陕西省档案馆，卷宗号：15－96；《1945 联席会议延迟通知、会议记录》，陕西省档案馆，卷宗号：15－69。

并领导直属县的文卷保管等。1944 年 5 月 18 日病逝于延安。①

通过以上简历可以看出，双方背景的差别甚是悬殊。雷经天任职于陕甘宁边区高等法院之前，多从事党政及军队的革命工作，几乎没有任何法律背景。而李木庵、朱婴、鲁佛民等不仅都毕业于清末或民国时期著名的法政学校，并有丰富的司法实践经验。他们的文化水平相对比较高，到陕甘宁边区后，从事与司法相关的重要工作，如李木庵 1941 年起陆续担任陕甘宁边区高等法院检察长、高等法院代院长，1943 年任陕甘宁边区参议会参议员、法律顾问和中国解放区行动纲领起草委员会委员；朱婴曾在陕甘宁边区司法训练班任教务主任，旋改任高等法院秘书，后又改任陕甘宁边区政府秘书、审判委员会秘书；鲁佛民在边区政府秘书处，担任对外文件及法院重点案件的处理。

由于李木庵、朱婴、鲁佛民等接受过专业的法律教育，受到西方司法理念的熏陶，熟悉国民政府的法律，并有一定的司法经验，在延安的司法工作中，他们强调司法正规化、司法独立、司法专业化，在检察制度方面，主张建立独立的检察制度。雷经天则是理科出身，参加革命后，多从事党政及军队工作，任职于陕甘宁边区高等法院之前，没有任何的法律知识与背景，其法律思想主要来自于革命思想和革命实践。②即强调政府领导司法，强调司法的政治性，而非专业化。

---

① 参见济南史志编纂委员会：《济南市志》，中华书局 2000 年版，第 358～359 页；盛平主编：《中国共产党人名大辞典》，中国国际广播出版社 1991 年版，第 748 页。

② 雷经天也承认其不懂旧的法律（即白区的法律），未到法律学校受法律教育，所以其参加司法工作，只是靠着一些很狭隘的经验。其在高等法院 5 年的司法工作中，差不多是忙于应付。对于旧法没有很好地系统地去研究。参见《雷经天同志的司法工作检讨及绥德县 1944 年司法工作总结》，陕西省档案馆，卷宗号：2-680。

在检察制度方面，认为边区不需要检察制度，更不应建立独立的检察制度。

二、建立独立检察制度的主张①

在建立独立的检察制度方面，李木庵、朱婴、鲁佛民的观点是一致的，②由于在档案资料里未见李木庵的详细论述，此处主要以朱婴和鲁佛民的观点为主。鲁佛民的观点主要体现在其《对于边区司法的几点意见》，③ 朱婴的观点主要体现在其《论检察制度》。④

鲁佛民的文章《对于边区司法的几点意见》是在 1941 年 11 月 15 日发表于《解放日报》，正值陕甘宁边区召开第二届参议会之前，希望边区在所列内容的相关方面有所改进。在《对于边区司法的几点意见》中，鲁佛民对边区司法存在的一些问题进行了剖析，提出要明确适用法律的标准与范围、单独设立所谓司法行政机关、实行检察独立制度、任用法律专门人才。

具体到检察制度方面，鲁佛民主张实行检察独立，认为检察独立的主张并不是一个新奇的说法，中国自从采用检察制度以来，虽然有

---

①关于检察制度的废立之争，在国民政府时期就存在，鲁佛民、朱婴等主张的观点并不是他们自己的独创，而是当时比较流行的观点和理论。参见朱鸿达：《检察制度论》；黎藩：《检察制度存废论》，载闵钐：《中国检察史资料选编》，中国检察出版社 2008 年版，第 168 ~ 195 页。

②雷经天在批判李木庵在高等法院的工作时，认为李木庵在高等法院做检察长时的作法是国民党的方式，认为李木庵和朱婴一样，主张司法只管审判，不能管检察。参见《雷经天、李木庵在司法工作检讨会上的发言记录》，陕西省档案馆，卷宗号：15 - 96。

③参见《边区司法工作检查委员会工作检查纲要及工作报告》，陕西省档案馆，卷宗号：15 - 150。

④参见《边区政府审查委员会秘书处朱婴、毕衍的检讨会记录和有关材料》，陕西省档案馆，卷宗号：15 - 97。

某些变更，但一向都是独立的，苏联也实行检察独立，且把检察职权提得很高。因为只有这样，才能保障社会主义的顺利发展。虽然这是老生常谈，可是这正说明了它的历史性和它在司法制度方面的不可改易性。检察制度是经过了血的教训而演变过来的，18世纪法国革命成功后，便设立检察制度，与审判部分开，这是适合革命的、民主的需要而设立的，借以防止审判机关的武断专行。我们今天只有接受这种成果，并加以改良，绝不能再回到18世纪的黑暗泥坑中去。有人想把司法行政集中于法院，并把检察权也集中于法院，以统一事权避免分歧。其实把检察行政范围划归法院管辖，检察官只担任检察事务，会使得检察独立制度受到障阻。鲁佛民亦不主张完全学习苏联，因为苏联的检察权太庞大了，边区的政治经济，还不到那种程度，鲁佛民只赞成把检察权独立，并稍稍加以扩大而已。考虑到边区司法的实际情形，即司法干部对于法律认识缺乏研究；一般干部未能吸收过去司法工作中的宝贵遗产；对边区风俗习惯未能彻底了解；了解案情、侦查案情各方面的技术，还很不够；游击作风（不正规化），踏常习故，保守老的一套，不求进步；成文法不够用，民法当可援引此附，刑法则不然。鲁佛民认为，以这样薄弱的司法工作，更不能使检察权独立，而应该随时加以帮助或救济。[1]

朱婴对检察制度的主张主要体现在其《论检察制度》一文中，该文写于1942年1月，朱婴在给雷经天的信中谈到，他将稿子送到报社，但并未发表。[2]当时检察制度已经被废除，据朱婴所言，写这篇文章缘起于留心司法之同志去函新法学会或相关负责同志，开会时

[1] 参见《边区司法工作检查委员会工作检查纲要及工作报告》，陕西省档案馆，卷宗号：15-150。

[2] 参见《边区政府审查委员会秘书处朱婴、毕衍的检讨会记录和有关材料》，陕西省档案馆，卷宗号：15-97。

讨论检察制度，其为了明了起见，特把检察制度做一个简略的介绍。①朱婴在其文章中论述了检察工作的任务、检察机关的必需性、检察独立的必然性及其原因。②

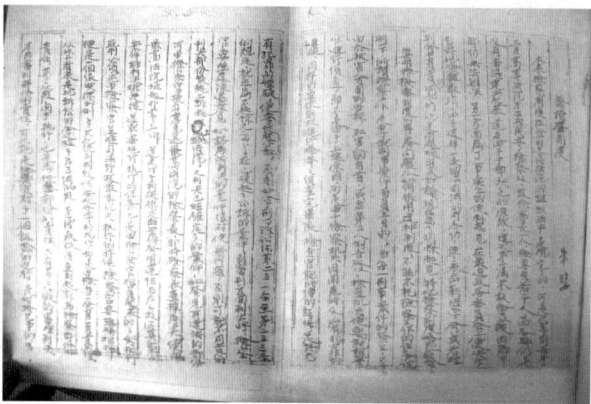

▲ 朱婴《论检察制度》（卷宗号 15－150）

1. 阐明检察工作的任务。

首先，也是最主要的任务，是负责刑事案件的侦查和起诉。即每当有刑事案件发生，无论是基于被害人的告诉，加害人的自首或者第三人的告发，还是基于检察机关因闻见所及，检察机关都要就该案件进行侦查。侦查完毕后，检察官认为证据充足，有犯罪嫌疑者，便提起公诉；否则，做出不起诉的决定。其次，提起公诉的案件在审判时，检察官要莅庭陈述意见，如果不同意法院的判决，可就不同意的判决部分上诉于上级法院。再次，对于判决已经确定的案件，如发现有违法的部分，可由检察官提出意见，送最高法院的检察长，如检察长查核属实，便向最高级法院提起非常上诉。最后，检察官负责案件的执行。如执行死刑必须先由检察官呈准司法行政最高机关，执行的时候，检察官要监场指挥，其他徒刑、拘役、保安处分等的执行，都是由检察官负责办理。

---

① 参见《边区政府审查委员会秘书处朱婴、毕衍的检讨会记录和有关材料》，陕西省档案馆，卷宗号：15－97。

② 参见《边区政府审查委员会秘书处朱婴、毕衍的检讨会记录和有关材料》，陕西省档案馆，卷宗号：15－97。

如果把诉讼全过程分为三个阶段，第一阶段从侦查到起诉，是检察部分的责任，第三阶段关于执行，也是检察部分的责任，只有第二阶段的审理判决，才是审判部分的责任，可以说检察官对于一个诉讼的进行是贯穿始终的。另外，需要注意的是，检察官是代表国家公益，他不仅要揭发和严惩被告的罪行，如审判方面所为的判决，于被告的罪行有过分的地方，检察官也会不同意，因此，他一方面是加被告以不利益，另一方面又不肯加被告以过分的不利益，这与父母的惩戒儿女及先生的惩戒学生的用心是一样的，中间不能有不及，也不能有太过。

2. 主张检察机关是必需的。主要原因有：

（1）这是历史经验的必然选择。即建立独立的检察制度就是为了防止司法专制，这是资产阶级民主政治最进步的表现，同样也是击破过去封建制度时代最黑暗的、最蹂躏人的独裁政治的良好制度。一方面国家设立检察机关以监视和辅助独立审判的行使；另一方面检察机关也同样受到审判机关的限制和匡正，二者相扶而行。它二者都同样地规定在当时的宪法之中，同样地向当时的法律看齐；因此，法律好像一根线，审判机关和检察机关一个在线的左边，一个在线的右边，彼此互为照应地沿着这条线前进而已。所不同的是审判机关专司裁判，而检察机关则是代表国家为原告，它一方面要检察被告，一方面要保护被告。

（2）在具体职能上，检察机关也是必需的。①检察机关代表国家为原告，可以避免被害人为钱所诱、被势所迫，不起诉或不敢起诉，使犯罪者逍遥法外，从而实现法律面前人人平等。②帮助不了解法律的诉讼当事人。法律是一种专门知识，即使在欧美各国，国民教育比较普及，然犹不能说每个国民对于法律有何种较深的了解，至于教育落后的国家，那更不用说了。因此，人民每遇诉讼事件，如单凭审判官判断，其审判是否合法，诉讼当事人无从测其高深；何况不是每个审判官都对法律有很好的造诣，误认事实及误解法律，也在所难免；加以个性偏倚，私情的诱惑，更容易有失出失入的地方。虽然有上诉审可以救济，而这也必须懂得程序法不可。因此检察制度的设立，可以帮助当事人判断法官的判决是否合法，有无误认事实或误读法律，有所出入等。

（3）检察机关的设立还可以使审判工作专一公正。因为，如果把诉讼的全过程交给一个人负责，即把侦查、起诉、审判及执行的工作都交给审判方面负责，承办这个案子的审判官，必须自始至终地不能离开这个岗位，这便容易发生以下几种流弊：①精神不能集中，对于案情不能加以缜密的分析和思考；②一人的知识有限，对于一个案件的处理只能闭锁在狭隘的见闻以内，不能对于证据及原被告情况有更多的搜集和了解；③在侦查的时候，遇到强项或狡黠的被告，容易冲动的审判者会产生厌恶和恨怒，而在判决的时候，无意识地不免要激起严厉惩罚的心理，使得量刑不能持平。为了保持审判官冷静清明的头脑，为详慎公平起见，所以把审判官专安置在全过程的中间一个审判阶段，不要他再分心于审判前及审判后的事务，而将侦查、起诉及确定执行阶段的工作，都交给检察部分去负责。

（4）检察机关还能提高司法机关的威信。俗话说："王子犯法与庶民同罪。"可是王子真正犯了法，能够与庶民同罪的，在历史上似乎还没有见过。这由于以往没有建立一种制度而又无法律给这种制度以坚强的保障；如果国家设立一种专门检举机关，把它规定在宪法之内，并把它的职权提高，它将对于任何人犯了罪都要依法检举；否则，它本身就要负违法的责任。这样，就使得司法机关的威信提高，就使得法律在任何人面前都能发生效力。

总之，朱婴认为，检察制度与审判制度是有密切关系，同时检察制度是历史发展的产物，能保障民主政治实施和进步。基于此，朱婴谈到了检察机关的独立性。他认为，检察机关断不是局促在一个法院内所能担负起来的，一定要独立对外，一定要独立行使其职权。即检察制度的独立性是其本身所具有的自然规律，如果认为有时检察部门也不一定要独立，这就不能算作司法独立的检察制度，这就只是审判机关的一个技术部门而已。

3. 强调检察机关独立的原因。

（1）朱婴从辩证法的观点认为检察机关独立于法院，并未破坏司法系统的统一，从而否认了以下观点，即检察机关独立于法院，会破坏司法系统的统一。朱婴认为，这种观点是一种形式逻辑的看法，会误解统一和分裂。照辩证法的观点，形式上的统一是假的统一，内容上的统一才是真的统一。譬如是即是，非即非，是形式上的统一，只有认为是中含的有非，非中含的有是，由于是非矛盾的量的发展，经过一次突变，于是所得出来的新东西，就是最高级的东西，这种最高级的东西，经过了一度扬弃的过程，把过去好的东西保留下来，坏的东西抛弃出去。这时的统一即是真的统一，内容上的统一。这样看来，检察制度与审判制度是两个互相依存，同时也是互相制约的机关，对于一个案件的法律点与事实点有争执的时候，正是是与非的矛盾对立，然而它们有一个共同的规律，那个规律就是法律的适合性，是与非的对立发展到了一定程度，所得出来的结论就是这种法律适合性的东西。因此，我们可以知道这两种制度的互相依存，正是为了互相制约，而它们的互相制约，也足以证明它们的互相依存。

虽然是这样，这两种制度除了它们本身所具有的辩证的统一性以外，在行政上还有共同领导机关，它们同样的是被统辖于中央司法最高行政机关的底下，不能得到这种领导的，当地的最高行政机关亦同样变通的有这种领导机能。

（2）朱婴从反面说明，如果一定要把检察机关放在法院的领导之下，一定不许它独立对外及独立行使职权，那么下面几点困难将无法解决。

①检察方面起诉的案件，被审判方面判决驳回，检察不服提起上诉，如果检察机关属于法院，那么上级法院院长无论是站在审判方面主张驳回，还是站在检察方面主张上诉，都是违法。即上级法院院长站在审判方面主张驳回，是院长就其领导检察的资格来说，便恰恰否定了自己，说直截一点便是放弃了检察的职责；此外以法院院长而限制法律所赋予检察的上诉权，那更成了笑话；若是反过来说：站在检察方面主张上诉，那又不啻否定了自己对审判方面的领导，如果院长兼庭长或在事实上推事所判决的案件，要院长作最后决定，这不啻今天自己所判决的案件，明天自己又起来推翻，这更是滑天下之大稽。

②检察职权是上下一致的，它的最高监督指挥机关是属于中央司法行政部，与审判职权的各级独立不同，检察职权是上下一致的，它的最高监督指挥机关是属于中央司法行政部，与审判职权的各级独立不同，上级检察对于下级检察有绝对的指挥命令权。因为不如此，不能使得逮捕人犯、搜集证据及侦查案件等迅速更置，所以不得不采这种统一的制度。既然是这样，如果把检察隶属于法院，那么，各级法院院长可以指挥其同级检察，假使碰到与其上级检察的指挥发生了冲突，这时将如何解决？若让由上级法院来解决，又根据什么法律手续

来解决？这种不合法而且又费时失事，影响案件的进行，并使诉讼当事人遭受到不少的损害。

③检察工作与审判工作不同，审判工作在审限内可以从容办理，而检察工作时间性强，有时即一分一秒钟，亦有其时间上的重要性，譬如搜索证据，前一分一秒还存在，后一分一秒钟便被湮灭了；又如拘捕人犯，前一分一秒钟还可以捕获，后一分一秒钟便被逃逸无踪了，这都是铁的事实。如果把检察隶属于法院，当案件发觉的时候，要对外行交出票，必须找院长签字，这已经费了时候，再如果是碰着院长偶尔外出，可能耽误一天两天，这时所要进行的检察事务便不能达到目的，而且要增加以后不必要的困难。

因此，朱婴主张不采用检察制度则已，如果要采用检察制度，一定要使它能独立对外，一定要使它能独立行使职权。总而言之，在陕甘宁边区于第二届参议会之后，于1942年初废除检察制度，朱婴、鲁佛民等从历史、法理、司法实践等角度论述检察制度存在的必要性及检察独立的必然性。

三、废除检察制度的主张

在司法检讨中，主张检察应受法院管辖，甚至应废除检察制度的代表人物为雷经天，其主张检察应受法院管辖，其不但不能独立，且鉴于边区的政治与审判情形，主张废除检察制度。

雷经天认为检察应受法院管辖，具体原因为：

1. 从职权上看，"法院是行使司法职权的机关，它应该对人民和法律负责，法院的检察和审判工作就是根据法律行使司法职权的活动，当属于司法职权的范围，故在法院的组织上，检察处与法庭应并列一起的受法院的管辖，但各自独立行使其检察职权及审判职权。"①

2. 从目的上看，检察制度的目的是在边区政权的范围内发现违法之人并给以法律上的制裁，来保证边区的政权。所以二者的工作关系不应互相牵制，而是互相辅助，唯有这样，司法的职权才能够统一。②

3. 从司法实践来看，边区无论是徐世奎担任检察员时期还是李木庵担任检察长时期，都是由检察机构先审查并提出审判意见，然后再提交法庭审判。且检察人员与审判人员常常意见不一致。雷经天认为这和国民党的作法是一样的，外面的检察庭和审判庭常常吵架。雷经天认为检察与审判应该互相帮助，而不是互相吵架。③

4. 鉴于边区的政治、司法、社会背景等原因，边区不需要检察制度。即由于边区是一元化政治，审判是基于调查研究，实事求是，真正为群众解决问题，法庭对审判、检察负完全责任，不像之前的审判完全是高高在上，现在边区司法工作深入群众，从群众中访问，因此检察制度就没有继续存在的必要。④

可以说，雷经天关于检察制度的主张，主要来自于他个人的司法体验、一元化的政治主张和边区审判机关的审判理想，并无严密

---

① 《雷经天院长在边区政府学习研究会上"关于新民主主义的司法制度"的报告提纲》（1940 年），陕西省档案馆，卷宗号：15 - 89。相似观点还可见于雷经天《关于改造边区司法工作的意见》，参见《高等法院雷经天院长关于边区司法工作检查情况和改造边区司法工作的意见》（1943 年），陕西省档案馆，卷宗号：15 - 149。

② 参见《雷经天院长在边区政府学习研究会上"关于新民主主义的司法制度"的报告提纲》（1940 年），陕西省档案馆，卷宗号：15 - 89；《雷经天、李木庵在司法工作检讨会上的发言记录》，陕西省档案馆，卷宗号：15 - 96。

③ 参见《雷经天、李木庵在司法工作检讨会上的发言记录》，陕西省档案馆，卷宗号：15 - 96。

④ 参见《雷经天、李木庵在司法工作检讨会上的发言记录》，陕西省档案馆，卷宗号：15 - 96。

的思考和法理的依据。如在检讨会中，当李维汉问雷经天，"有了检察长，对工作有什么效果，有什么帮助，有什么妨害？"雷经天竟然说，"我没有准备，现在答复不出，以后再查。"①

到 1944 年 4 月边区高等法院拟制的"论边区司法答客问"和 1944 年 6 月边区高等法院关于招待中外记者团的问答记录中，才总结出了暂不实行检察制度及废除检察制度的原因。

如在 1944 年 4 月边区高等法院拟制"论边区司法答客问"中，虽然认为检察制度是很好，但边区暂不需要，主要原因有 6 点：（1）现在边区社会简单，案情并不甚复杂；（2）在战争期间，组织机构不需要那样庞大；（3）司法机关法院不只是审判，同样可以检举犯罪，可以说是审检合一；（4）依施政纲领第 6 条之规定，"人民有用无论何种方式控告任何公务人员非法行为之权利"；（5）保安机关及群众团体有检举权；（6）对于受害主张不属于国家的案件，准许进行调解。②

又如，在 1944 年 6 月边区高等法院关于招待中外记者团的问答记录中论到边区废除检察制度的原因时，首先主张边区有无检察制度与整个审判工作没大关系，其原因为：（1）边区社会简单，案情亦不复杂，故不须设检察机关。（2）边区对于刑事是采半干涉主义。凡受害主体属于私人的案件，准许调解。至受害主体属于国家的案件，可由公共机关或法院执行检举权，诉讼进行较为迅速。其次对检察机关的作用——反驳，认为边区没有必要设立检察机关，即（1）在检察机关防止被害人畏势不敢起诉或受利诱不愿起诉，因此使犯人得逍遥

---

① 参见《雷经天、李木庵在司法工作检讨会上的发言记录》，陕西省档案馆，卷宗号：15 - 96。

② 参见《边区高等法院拟制"论边区司法答客问"》，陕西省档案馆，卷宗号：15 - 58。

法外的作用方面，认为边区没有豪绅地主，也没有军阀，另一方面人民都知道政府是大公无私的，决不让强者横行而弱者慑服；还有通过党的各种机关团体层层注视，这样，被害人就毫无顾忌，也决不会受人利诱。（2）在检察机关防止审判方面适用法律不当或枉法徇私的作用方面，如果适用法律不当，第一审的判决有第二审救济，第二审的判决有再审程序可以救济（第一审也可适用再审程序）。至于枉法徇私基本是没有的，共产党人不许有私，向来清廉自矢，在纪律上也绝对不允许。（3）在检察机关担任全诉讼过程的侦查部分，使得审判员专任审判的作用方面，认为检察审判分工，固然有它的优点，但也不无缺点，侦查是一处，审判又是一处，不如并为一处，前后亲历案情，更易洞悉。（4）采用检察制度并不是有什么妨害，苏联也是采用检察制度，而且权力很大，不过正值边区精兵简政的时候，宁可把干部请到生产方面去，不愿留在机关作无理的浪费，而且为了避免增加人民的负担，没有必要设立检察制度。①

四、检讨过程及裁判者的观点

（一）检讨的形式与流程

据目前掌握的资料，有关1943年前后司法工作的检讨、检察的案卷主要有三卷，一卷是专门针对朱婴的工作，即《边区政府审查委员会秘书朱婴、毕珩的检讨会议记录和有关材料》，②两卷是针对雷

---

① 参见《1944年高院接待中外记者的总结及问答记录》，陕西省档案馆，卷宗号：15-61。朱婴参加了准备这些问答的会议，并在其中有发言。
② 参见《边区政府审查委员会秘书处朱婴、毕珩的检讨会记录和有关材料》，陕西省档案馆，卷宗号：15-97。

经天、李木庵在高等法院工作的，即《边区高等法院雷经天、李木庵院长等关于司法工作的检讨会议发言记录》（1943 年 12 月 10 日）和《雷经天同志的司法工作检讨及绥德县一九四四年司法工作总结报告》（1943 年 12 月 8 日）。①由于专门针对朱婴的检讨，只是检讨会的准备会议、朱婴自己所做的检查、朱婴的文章及观点、毕珐的检查等，没有详细的检讨会议记录。而后两卷针对雷经天、李木庵在高等法院的检讨会议记录中，不但有双方的观点，还涉及鲁佛民、朱婴的观点，而且还有高层领导针对司法工作的最后的决定，所以在这里主要论述有关雷经天、李木庵在检讨会议中涉及检察制度的部分。其中 12 月 8 日的检讨两处提到"今天讲不完，明天再讲"，"今天谈不完，明天再谈"，而 12 月 10 日的检讨会议，雷经天一开始就说，"我继续讲法院的干部情况"。由于未发现 12 月 9 日的检讨会议档案，从时间和内容上，可以推知 12 月 10 日的检讨会议是 12 月 8 日检讨会的继续。参加检讨会的人，除了雷经天、李木庵外，还有政府主席林伯渠、参议会副议长谢觉哉、保安处处长周兴、政府秘书长罗迈（即李维汉）、财政厅厅长南汉宸、民政厅代厅长唐洪澄、李景林（职务不详），等等。其中，在 12 月 10 号的检讨会议记录中，未出现唐洪澄、李景林的名字。

检讨会的形式主要表现为李木庵、雷经天对其在高等法院的工作做总结发言，在发言过程中，其他人可以就其发言内容提出问题、质问、反驳，发言人就被提出的问题、质问、反驳进行回答、解释、辩驳，最后由谢觉哉、李维汉、林伯渠对检讨会做总结发言。

①参见《雷经天、李木庵在司法工作检讨会上的发言记录》，陕西省档案馆，卷宗号：15－96；《雷经天同志的司法工作检讨及绥德县一九四四年司法工作总结报告》，陕西省档案馆，卷宗号：2－680。

检讨会议的流程：

首先，李老（即李木庵）发言，谈到的内容主要有对法律（尤其是国民党之旧法）的认识，对干部政策问题的反省，最后表示"我到边区时组织上叫我去高等法院工作，我不愿意去，后来也服从了。雷经天同志去学习了，我就代替了他的工作。对干部的经历不了解，我自己的精力照顾不来，雷经天同志现在回来了，我请求我去休养一下，我觉得很对不起党，请组织原谅，我想休养一下，这是我迫切的要求，这是我个人的问题。"

其次，雷经天的发言，其内容比较多，比较杂乱。一方面集中在对司法干部的选任、教育，把所有有问题的司法干部的来历及雷经天对他们的态度，都有比较详细的论述，并认为李木庵任代院长期间，与这些问题人士有相同的司法观念，同意甚至支持了这些问题人士的不轨行为。另一方面集中在边区的司法组织、司法制度、今后司法工作的方向等方面，如审级制度、检察制度、诉讼程序、工作制度、国民党的法律、群众路线、司法与政治、政府的关系等。其中谈到李木庵与朱婴、鲁佛民等观点一致，及李木庵在其中应承担的责任。

再次，针对雷经天的发言，李木庵作出解释、回应与辩解。李木庵的发言主要集中于对大后方法律（即国民党之法律）之认识的改变过程，对朱婴、张曙时等主张三级三审制度的不反对，对干部使用中自己存在的教条主义思想、对干部的政治警觉性不够，对鲁佛民、朱婴的文章及其观点不赞成也不反对的自由主义作风，同意当前可不采用检察制度。

最后，针对所谈到的各个问题，谢觉哉、李维汉、林伯渠提出各自的看法，并对检讨会进行总结。

（二）涉及检察制度的发言和讨论

首先，雷经天的发言中涉及检察制度的内容主要有两处。

其一：

检察制度是根据苏维埃时期工农检察制度，这样想的，为了在我们的政权范围内发现有违法的人给他以法律上的制裁，来保证我们的政权，在思想上是有这样的思想。后来徐世奎来了以后，他就当检察员，学外面的一套，先审判再诉讼交法庭审判。这个制度一直是贯穿着，没有把当时发现问题交司法机关制裁。当时检察是他，审查也是他，这和国民党的作法是一样的。（这种检察制度是资产阶级的干涉制度——南汉宸同志插话）所以我们过去没有采取这个东西，是由各级保安科代理检察。因为保安科专门对政治犯。徐世奎走了，就没有检察官了。李老四一年初来担任检察处的工作（职务是怎样的？——罗迈同志问）管刑事案子，检察处先检察，这是国民党的方式。从三七年八月徐世奎来了，到三八年底他走了，就没有检察员了。县上就是保安科，有了反革命捉了就送到县上去判决。徐世奎走了以后，就来了刘福明，到高等法院名义上当检察员，实际上他是管生产工作。现在他当裁判员去了。我觉得这是重复的东西，在一个机关为什么要搞的这样？！李老来了以后，都是先经过李老的检察，问过以后再提意见到法庭，各县的刑事案子也由李老审查。当时我有不同的意见，检察和司法应该是统一的，司法是法院，检察是归检察处，最高的是（高）等法院。那时李老是检察长，他来审查案件，提出意见，有不对的再重审。当我们两个有不同的意见的时候，就把两人的意见都写出交政府审查（我记得就没有不同的意见——李老插话）（有了检察长，对工作有什么效果，有什么帮助，有什么妨害？——罗迈同志问）我没有准备，现在答复不出，以后再查。我主张检察和司法要统一，李老和朱婴说司法只管审判，不能管检察，他说这样更方便一些，这个问题没有解决。李老是由政府决定他当法庭庭长的，他不愿意在法院工作，向林主席要求到政府去工作，朱婴也要求离开，林主席就批准他到政府秘书处去。后来他写了一篇文章，还是主张要检察制度，检察制度要独立，这文章李老也看过。（我没有看过！——李老插话）那文章是你改过的，还有你的笔迹，这有原稿可查，现在我主张是不要这个检察制度，因为他一方面是干涉群众的诉讼，同时他又是法庭的圈子，怕司法制度提高了，这不是互相帮助的态度。所以外面的检察庭和审判庭常常吵架。今天我们边区是一元化，另方面我们是调查研究，实事求是，真正为群众解决问题，法庭对审判检察负完全责任，以前审判完全是高高在上，现在我们应深入群众，从群众中访问，因此检察制度就没有继续存在的必要。①

其二：

关于执行问题。听李老说，外面的检察机关，是管审判以前和审判以后，都由检察官负责，不归法院管。过去法院有执行，我想这是不好的，审判和执行在法院是一个整个的工作；在执行当中就是对犯人以法律的制裁，进行教育争取工作。过去对犯人提出教育争取的口号，就是给他处罚也是带教育意义的，我们不是惩办主义，而是积极的教育。就是在形式上惩办，在本质上是教育。（死刑怎么对他自己还能是教育呢？要除死刑外。是有处罚有教育，不是形式上是处罚，本质上

---

① 参见《雷经天、李木庵在司法工作检讨会上的发言记录》，陕西省档案馆，卷宗号：15－96。

是教育。——罗迈同志插话）①

其次，针对雷经天提到的检察制度和朱婴之文章等相关内容，李木庵的回应有两处，一处是针对其与鲁佛民、朱婴之文章的关系：

关于张老我过去不认识，听说他是从西北局来的一个老同志，他的法律我晓得是旧的。陆老我知道他当过律师，他是最旧的法律，陆老的文章里都是旧的东西。所以他们同我都有老旧的观念。他的文章我没有看完，他文章里主张的检察制度是民国初年的东西，国民党十六年专权以后的东西他都不了解，他的东西都是旧的。朱英的一套也是旧的。所以我对他们的主张没有赞成，但也没有反对。我只看了文章的大纲，我那时也没有说什么不同意的地方，我也没有反对。那时我犯了自由主义的毛病，这些东西总的原因还是自己加入党的时间不多，因我四十三岁才加入共产党（在广东加入的，在十七军工作）。这旧的东西在我的脑筋中积的太多了，读的书都是旧的，有一个（时）期我作法官是官僚生活，在我的思想中科举的时代的东西、官僚的东西积的很多，成了习惯成了自然；我是在大后方加入的共产党，组织生活过的很少，也没有受过（我）们党这样的教育，这样的集体公开生活。我从前学了四年法律，后来就做了法官，从伪清一直到民初，这旧法律观点是有的。自由主义是有的。因此我到法院没有把工作做好。②

最后，针对检察制度，李木庵认为：

检察制度是干涉主义，我们就不使他的方法，我们是不能用的。

①《雷经天、李木庵在司法工作检讨会上的发言记录》，陕西省档案馆，卷宗号：15-96。
②《雷经天、李木庵在司法工作检讨会上的发言记录》，陕西省档案馆，卷宗号：15-96。在档案里提到的"陆老"就是鲁佛民，"朱英"就是朱婴，可能是由于记录者按发音记录。

因为那样做会引起人民间的仇恨，形成借口。我们的政策是无产阶级的，除与公家有妨害的以外，损害私人利益的我们可以调解，不能把被告的人关起来，因这会妨害他的生产，我们是采取半干涉主义，这是与人民有利的，这与大后方是不同的，大后方是采取全干涉主义，他们的制度我们没有参考的必要。我们无产阶级的办法是自己创造出来的，与大后方不同。①

从这里我们可以看到，李木庵放弃了自己原有的观点，接受了雷经天关于检察制度的观点，即当时的边区不需要检察制度。

（三）裁判者的观点②

谢觉哉最后的发言中提到自己也应检讨，首先，其认为司法工作中之所以有这么多的问题，主要是由于一个根本的思想问题没有解决：

这个思想就是我们新民主主义的司法到底是怎样的，应该搞出一个什么样的司法，这点我们过去是没有搞清楚的。因此我们在这样长的司法工作中还是有许多问题存在着。这个思想是怎样的一个思想呢?! 就是现在毛主席所讲的，就是民主集中制，领导一元化，群众路线，从群众中来，又到群众中去，这就是说我们的司法要同群众结合，而成为群众的东西；其他的工作都应该是这样，司法也应该是这样的。③

其次，谢觉哉认为，司法工作之所以产生这么多的弊病，主要原

①《雷经天、李木庵在司法工作检讨会上的发言记录》，陕西省档案馆，卷宗号：15－96。

②参见《雷经天、李木庵在司法工作检讨会上的发言记录》，陕西省档案馆，卷宗号：15－96。

③《雷经天、李木庵在司法工作检讨会上的发言记录》，陕西省档案馆，卷宗号：15－96。

因是司法教条主义，未与群众结合。最后，将来司法工作的方向是"同群众结合，从群众中来，又回到群众中去"。具体内容为：从案件中了解边区的各种问题并制定相关的条例；司法保障政策的实施，补充政策的不足；经常听取人民、各个群众团体对司法的意见，认真向当事人解释判决的根据与理由，使其信服法院的判决；审判形式上，接受口头告诉，手续要简单、具体、可行；制度上，废除审判委员会，边区政府领导司法；不再采用六法全书。

李维汉最后的发言主要有：首先，把高等法院工作分为雷经天时期和李木庵时期，并认为雷经天时期在总的方向和立场上是正确的，其问题是存在"左"倾路线、存在司法独立思想和主观主义。党团在批判边区司法不正规、游击主义的空气下把雷经天调到党校去学习是不对的。李木庵时期在政治上、制度上是投降主义、国民党化，在政治上失掉了阶级立场，没有对敌的观点。其次，在干部问题上，高等法院 17 个特务中，只有两个是李木庵带去的，雷经天带去了十几个，李维汉认为，问题不在于谁带去几个，而在于这些人在谁的领导下吃得开。从这一点可以看出雷经天是正确的，李木庵是错误的。最后，司法工作的方向是从国民党化，回到无产阶级共产党化。具体工作为：六法全书不再是审判依据；重新清理犯人，重新审查判决的案子；审判案件要有对敌观点；保证领导的一元化。

林伯渠最后的发言主要谈了以下几方面的内容：首先，从这个检讨会找经验教训，即司法是政府中重要的一个部门，政权就是军队、法庭，我们做政权工作的人员应好好地研究来实行，创造出一些新的东西来。司法是整个政权机构中很重要的一部分。我们做政权工作的人员应好好研究毛主席的新民主主义论，创造出一些新的东西来。在司法上也要强调由无产阶级立场来领导，强调人民大众。在法律观点上，雷经天同志闹革命久些，他不懂得国民党的法律，没有法律观点，在闹革命方面总想把事情搞好，这就是党的观点，有党性，党的立场。而李木庵则是在组织上加入党，在思想上没加入党。李木庵"一年多工作上不能搞好的原因……是不能站在无产阶级的立场上，不能站在党的立场上。这样工作就一定搞不好，不能有什么效果。在法律问题上的观点是这样，在制度问题上也是如此，也是搞的国民党的一套，过去这些搞惯了，这要时时反省，好好地纠正才好，不然就不是一个共产党员。在三级三审的问题上也是一样，在这点上你自己是矛盾的，你反对检察制度，后来你又搞检察制度，这实际上是国民党的制度。在干部问题上，你一向对干部有两种态度，恐怕是有意气了，这也是从根本立场问题上来的。"其次，认为李木庵"关于管理犯人的问题，不愿清理，对党的政策上不愿意把握。"再次，李木庵对新法学会那一派人的活动是不自觉、半自觉，还是自觉，李木庵要有一个清楚的认识。同时，也安慰李木庵，希望其采取正确的态度，有什么工作帮助搞。最后，对雷经天继续在高等法院的工作提出了新的期待，即依据新民主主义的司法，创造我们的一套司法制度，不用国民党的制度。

具体到检察制度，三位裁判者的观点虽然有一些细微的差别，但在大致方向上是基本一致的。谢觉哉只是简单地说，同意雷经天的观点。李维汉在雷经天发言的时候，曾提出一些疑问，如"有了检察长对工作有什么效果，有什么帮助，有什么防（妨）害？"虽然雷经天不能回答出个所以然，罗迈还是认为要取消检察制度，不需要再多言。林伯渠明言，"国民党的制度我们是不用的，三级三审、检察制度、审判委员会都不要了"。可见雷经天的观点是大家所认同的观点，不采用国民政府所采用的检察制度，虽然具体原因不是很明确。

在整风审干的背景下，雷经天在高等法院的工作虽然有一定的瑕疵，但被定性为在总的方向和立场上是正确的，而李木庵在高等法院的工作被定性为政治上、制度上的投降主义、国民党化，从而雷经天的观点胜出，李木庵、朱婴等的主张被批判、被否定。随后，边区政府在人事任命方面，做出了重大变动。鲁佛民由于年老生病，1944年初病逝。朱婴等原有的职务被撤销，接受检察和改造。1944年初李木庵辞去代院长职务，[①] 雷经天继续担任高等法院院长职务。

五、对后世的影响

由此以上分析可以看出，这次激烈的检讨，在整风审干的背景下，雷经天主张之检察附属于法院、废除检察制度的观点成为正统、正确的官方观点，并且在人事任命发生了倾向性的改变，而李木庵、朱婴、鲁佛民等主张之建立独立检察制度的观点，遭到严厉的批判与否定。但是，这次检察制度存废之争的讨论影响深远。主要表现在以下三个方面：

首先，在思想上，为后人的司法实践中认真思考二者利弊提供了理论基础。如 1944 年在《边区高等法院一九四二年至一九四四两

---

① 当时李木庵申请辞职，谢觉哉、林伯渠认为李木庵不应采取国民党的方式辞职，应该转变一下情绪，采取正确的态度，帮助搞好司法工作。在谢觉哉、林伯渠这样的态度下，雷经天也邀请李木庵即使在休养期间也住在法院，帮助法院的司法工作。参见《雷经天、李木庵在司法工作检讨会上的发言记录》，陕西省档案馆，卷宗号：15－96。

年半工作报告》中提到办案迟缓的原因之一，即是组织机构存在问题，如合水县称："因为没有建立司法检察员和通讯员，使判决一个案子感到材料及证据的不足，有时来不及调查就只有凭主观判断，原被告也不能很快地传来，致有的案子拖延时间很长。"其他各县亦均有添置书记员或检察员调查员之建议。①

其次，从1945年的推事审判员会议记录中见其影响之大。此次会议从1945年10月31日起至1945年12月7日结束，长达72天，保留有比较完整的记录。②其影响主要表现在两个方面：其一，在边区推事、审判员联席会议开幕词中，高等法院院长王子宜提到很多不解决司法工作就无法进行的问题，其中一个就是要不要检察制度。③其二，在边区推事、审判员联席会议上很多人都提议恢复检察制度，

---

① 参见《陕甘宁边区高等法院一九四二年至一九四四年两年半工作报告》，陕西省档案馆，卷宗号：15-193。
② 参见《边区推事审判员联席会议延属分区小组会议记录》，陕西省档案馆，卷宗号：15-75。
③ 参见《边区高等法院关于延迟推事、审判员联席会议的通知，和王子宜院长的开幕词，林伯渠主席的讲话记录》（1945年），陕西省档案馆，卷宗号：15-69。

建议恢复的原因与朱婴、鲁佛民等的主张雷同。①

最后，1945年高等法院院长王子宜的边区司法工作总结中提到独立审判、建立独立的检察系统、司法干部的任用条件等，与1943年司法检讨时的观念有巨大转变，检察制度的变化主要体现在建立独立的检察系统。王子宜认为"边区在四一年前，曾有检察制度，后因诉讼手续多费周折，组织机关又不精简，检察机关多不健全，或者审检合一，或者检举事项由公安机关代行，但根据地近几年来的经验，诸多不便。现全国和平开始，更促使我们对检察制度的加强，不

---

① 如宋常华认为有必要建立检察制度，即"关于检察制度，过去有这个东西以后取消了。以后工作中我觉得这个东西必须有。现在好像下边做司法的人成了孤立的了，一科里能解决的解决了，难解决不了的送给司法处。可是司法处只有两个人（一个书记、一个裁审员）要调查，靠区乡也困难，县上的人少，下去也困难，你下去，上来堆了好多的事，过去保安科，可以帮助些，调查一些案子。现在其他他也不知道，在葭县整风以来，他们也忙，不能帮助，只有司法部门的人去搞。自己去调查，所以有的说：'是你自己调查的了，又是你自己审判的，'还不是由你说，'所以搞司法工作的人成了孤立的了。'如还有一些案件，这方面也没有建立检察制度，在绥德四十里铺死下一个人，结果烂得臭了，没有人管，周围老百姓都搬走了。我们的书记员到了那里连一个人也找不到，结果在路上挡得两个人才把死人埋了。所以要建立起制度。"参见《边区推事、审判员联席会议发言记录之三》，陕西省档案馆，卷宗号：15－78。又如石静山认为需要"恢复检察制度。就是说要增加检察员。过去曾经有检察员，因为过去不需要，以及审检合一便利。因此审判员就是检察员，又检察又审判，结果搞的不方便，检审合一就不妙，使调查工作受影响，有了检察员可以不孤军奋斗，你一手包办出来以后也不好，没检察员可以专门搞刑事，我们专搞民事，使的调查或者检察更能深入。因为调查工作在其他工作适用，同样也适合于司法工作，如果你不调查那也是笑话，以后专门人搞，使工作更有效。"参见《边区推事、审判员联席会议发言记录之六》，陕西省档案馆，卷宗号：15－81。再如，高继先认为关于"建立检察制度问题：大多数人都讲了，我自己也感觉需要，因为这个检察制度中包括责任职务问题，到底谁应该负这个职务呢？保安科是不是能代理这个职务呢？我看很少，同时各县保安科的性质是对破坏辖区，带政治意义的事管的多，至于人命案保安科还帮助侦查，而他的职务，我认为不是这样也非司法机关的职务。因为在延安市有公安局是不是能代理检察制度呢，今天我看还没有代理，所以我觉得检察制度是需要的。"参见《边区推事、审判员联席会议发言记录之八》，陕西省档案馆，卷宗号：15－83。

容缓迟。"并提出一套确保检察独立的制度的意见，这套意见在1946年第三届参议会上通过，并由政府于1946年10月19日发布民字62号令，建立健全的检察制度。[①]

总而言之，陕甘宁边区时期的检察制度的存废之争之所以存在，主要原因是由于在陕甘宁边区新民主主义司法的提法早已出现，而新民主主义司法的具体内容却未确定，雷经天与李木庵、朱婴、鲁佛民等由于受教育背景、工作经验等方面存在巨大差异，对于新民主主义司法产生了不同的主张，如谢觉哉所言，边区政府的领导人也对此比较模糊，因此才有了检察制度在陕甘宁边区建立、废除、建立的反复，这也是建立检察制度必经的探索过程。通过两种声音的对话、争论，建立独立检察制度的主张和废除检察制度的主张，同时展现在人们面前，更有利于后人理解检察制度的地位和功用，比较建立检察制度的利弊得失，使后人对检察制度有了更深刻的认识，并在司法实践中去体验和验证。当时的争论，对当今时代检察制度的完善，有着深远的影响。

[①] 李木庵对此报告的意见中，谈到检察制度的设立时强调，"高等法院设检察处，内置检察长、检察员、书记员各一人，初审机关各配检察员一人，这样的组织是可以的，但他的体制，除检察系统内关于行政事宜，归法院管理外，他的关于侦查、起诉、相验、执行的本身职权，要保持他的独立性，方合法理，且不受外部的疑问和批评。"参见《王子宜院长在推事、审判员联席会议上的总结报告》，陕西省档案馆，卷宗号：15－70。关于政府命令，参见陕西省社会科学院编：《陕甘宁边区政府文件选编》，北京档案出版社1988年版，第263～264页。

第六章

陕甘宁边区检察制度的特点

陕甘宁边区检察制度在建立和发展的过程中，表现出了三个方面的突出特点：一是理论研究推动了检察实践的完善。检察理论研究成果取得了明显的进展，朱婴《论检察制度》成为检察理论研究的经典之作。二是检察制度向专门化的方向发展，检察机构存在期间能够有效履行检察职能。三是高等法院检察长参与犯人选举权问题的决策。这表明检察职能的作用得到了比较充分的发挥。

一、理论研究推动检察制度的完善

陕甘宁边区通过平等的批评与自我批评，展开充分的讨论，启迪人们的思想。在决定检察制度命运的几次重大事件之前，陕甘宁边区分别召开了讨论会，会议研究和讨论的结果，成为相关决策的重要依据。陕甘宁边区的上述做法，成为检察事业不断健全、完善的动力源泉。有关陕甘宁边区检察制度的讨论，经过了 3 次重要的会议，包括 1943 年 12 月 8 日至 10 日召开的"司法工作检查会议"、1945 年 10 月 18 日至 12 月 25 日召开的"推事审判员联席会议"、1946 年 7 月 23 日至 8 月 7 日召开的"检察业务研讨会"。三次会议从不同方面，影响或决定了检察制度的发展方向。

（一）司法工作检查会议

1943 年 12 月 8 日至 10 日，陕甘宁边区召开了司法工作检查会议，总结了陕甘宁边区司法的得失成败，对司法制度的完善提出了方向性的意见。这次会议对检察制度的讨论，主要包括：对检察制度本身的评价、对陕甘宁边区检察制度发挥作用的评价、对陕甘宁边区是否继续保留检察制度的观点，等等。

首先，雷经天对陕甘宁边区检察制度的沿革，进行了介绍。他说：

检察制度是根据苏维埃时期工农检察制度，这样想的，为了在我们的政权范围内发现有违法的人给他以法律上的制裁，来保证我们的政权，在思想上是有这样的思想。后来徐世奎来了以后，他就当检察员，学外面的一套，先审判（侦查）再诉讼（起诉）交法庭审判。这个制度一直是贯穿着，没有把当时发现的问题，交司法机关制裁。

当时检察是他，审查也是他，这和国民党的作法是一样的。（这种检察制度是资产阶级的干涉制度——南汉宸同志插话）所以我们过去没有采取这个东西，是由各级保安科代理检察。因为保安科专门对政治犯。徐世奎走了，就没有检察官了。李老四一年初来担任检察处的工作，（职务是怎样的？——罗迈同志问）管刑事案子，检察处先检察，这是国民党的方式。从三七年八月徐世奎来了，到三八年底他走了，就没有检察员了。县上就是保安科，有了反革命捉了就送到县上去判决。徐世奎走以后，就来了刘福明，到高等法院名义上当检察员，实际上他是管生产工作。现在他当裁判员去了。

上述发言，言简意赅地介绍了陕甘宁边区检察制度的概况：陕甘宁边区的检察制度，1943 年 12 月以前，主要是在陕甘宁边区高等法院推行和实施，县级审判机关没有得到健全。检察职能主要包括侦查和起诉两个方面。从 1937 至 1943 年，陕甘宁边区高等法院先后任命了徐世奎和刘福明两位检察员、李木庵检察长。无论检察员还是检察长，都积极履行了检察职能。

其次，关于检察职能是否必要，雷经天认为：

我觉得这是重复的东西，在一个机关为什么要搞的这样?! 李老来了以后，都是先经过李老的检察，问过以后再提意见到法庭，各县的刑事案子也由李老审查。当时我有不同的意见，检察和司法应该是统一的，司法是法院，检察是归检察处，最高的是（高）等法院。那时李老是检察长，他来审查案件，提出意见，有不对的再重审。当我们两个有不同的意见的时候，就把两人的意见都写出，交政府审查，（我记得就没有不同的意见——李老插话）（有了检察长，对工作有什么效果，有什么帮助，有什么妨害？——罗迈同志问）我没有准备，现在答复不出，以后再查。我主张检察和司法要统一，李老和朱英（又写为朱婴，下同）说司法只管审判，不能管检察，他说这样更方便一些，这个问题没有解决。李老是由政府决定他当法庭庭长的，他不愿意在法院工作，向林主席要求到政府去工作，朱英也要求离开，林主席就批准他到政府秘书处去。后来他写了一篇文章，还是主张要检察制度，检察制度要独立，这文章李老也看过。（我没有看过！——李老插话）那文章是你改过的，还有你的笔迹，这有原稿可查，现在我主张是不要这个检察制度，因为他一方面是干涉群众的诉讼，同时又是法庭的圈子，怕司法制度提高了，这不是互相帮助的态度。所以外面的检察庭和审判庭常常吵架。今天我们边区是一元化，另方面我们是调查研究，实事求是，真正为群众解决问题，法庭对审判、检察负完全责任，以前审判完全是高高在上，现在我们应深入群众，从群众中访问，因此检察制度就没有继续存在的必要。①

虽然雷经天的意见似乎非常明确，认为检察制度在陕甘宁边区没有存在的价值。但是，参会者之一罗迈同志的疑问，抓住了问题的实质：对该制度是否具有其价值的判断，需要考证其存在期间，检察职能发挥作用的效果。而正是在这一最关键的问题上，雷经天没有给出有分量的回答，他甚至就没有回答！

再次，雷经天关于检察制度是否有其存在的价值，还特别强调法

---

① 参见《陕甘宁边区高等法院：边区高等法院雷经天、李木庵院长等关于司法工作的检讨会议发言记录》，陕西省档案馆，卷宗号：15-96。实际上，对于陕甘宁边区检察制度，是否有存在必要的讨论，还见诸其他文献。例如，"检察制度是很好的，不过现在边区社会简单，案情亦不甚复杂，同时又在战争期间，组织机构不需要那样庞大。另外几点原因是，一、司法机关法院不只是审判，同样可以检举犯罪，可以说是审检合一；二、依施政纲领第六条规定，人民有用无论何种方式控告任何公务人员非法行为之权利；三、保安机关及群众团体有检举权；四、对于受害主张不属于国家的案件，准许进行调解。因此暂时不采用检察制度。"参见《陕甘宁边区高等法院：边区高等法院拟制"论边区司法答客问"和司法问题汇集》，陕西省档案馆，卷宗号：15-58。

律适用的效果。他认为：

> 关于执行问题。听李老说，外面的检察机关，是管审判以前和审判以后，都由检察官负责，不归法院管。过去法院有执行，我想这是不好的，审判和执行在法院是一个整个的工作；在执行当中就是对犯人以法律的制裁，进行教育争取工作。过去对犯人提出教育争取的口号，就是给他处罚也是带教育意义的，我们不是惩办主义，而是积极的教育。就是在形式上是惩办，在本质上是教育（死刑怎么对他自己还能是教育呢？要除死刑外。是有处罚有教育，不是形式上是处罚，本质上是教育。——罗迈同志插话）。①

这里，罗迈关于雷经天表述中的疏漏的提示，显得非常必要。讨论问题的过程中，不管观点如何，都需要准确的表述。从这个意义上说，参与讨论的同志是在积极、主动地倾听，并尽可能全面、准确地进行理解。他们不是旁观者，而是积极的参与者、讨论者。

最后，检察制度对于审判进行法律监督和制约，被雷经天概括为案件审核。他认为，这一工作可以由法院自己独立完成：

> 在司法行政上。审判与审核这两个问题，过去对下面案子的审核，我在的时候都是经过我负责的，后来工作多了，就由第一科负责，增加了一个秘书负责，但主要案子的审核都经过我和李老负责，后来诉讼案子和刑事案子都归李老来负责。李老来了以后，审核案子就归法庭来管。今后应该怎样做的呢？我的意见对下面的案子由高等法院来负责，高等法院要全部了解，由法院来指导这个工作。应该怎样做法？由法庭来审核，或者由另人来负责，帮助院长来审核。我认为现在法庭都是第二审。对上诉案子的都由我自己来批答，假如法庭

---

① 《陕甘宁边区高等法院：边区高等法院雷经天、李木庵院长等关于司法工作的检讨会议发言记录》，陕西省档案馆，卷宗号：15-96。

的事情轻松的话，兼也可以，不过我的意见最好不由法庭兼，法庭专门来负责审理刑事案子，但是仅由院长一个人管不了，要有一个秘书当助手，在处理的技术上提出意见。（那不是同检察长的性质差不多了？——罗迈同志问）（检察长那是教条，这是指导，死刑的案子应该经过这样做——林老插话）（李老过去当检察长做的事情就是这样——罗迈同志插话。）这个不同，是把各县，把案子看了以后提出意见，呈报到政府。这是帮助院长提出理由，政府一看就很明了。这是对政府负责的。（由法庭来搞有什么毛病？——罗迈同志问）法庭来搞没有什么毛病。法庭没有多的人，如果没有什么案子搞也是可以的。（庭长、推事都是对院长负责，庭长都是推事兼的，按一元化的原则，就由推事审查，但最后决定原是由院长负责；不然，你由秘书去搞那就脱节了。——罗迈同志插话）今后我们可以这样搞：先由推事负责审核，最后由院长来决定。①

　　同样，参加者的提问，对进一步的思考起到了至关重要的作用：既然检察长所作的诸如侦查、起诉等工作必不可少，那么，这样的对于审判具有实质性影响的工作，就相对于法官而言，应当具有一定的独立性。否则，对于法官的公正审判作用，就会大打折扣。

　　对于陕甘宁边区检察制度的作用，李木庵进行了正面的评价。他认为：

　　我们这里的检察制度不同于大后方，检察官是个人名义，检察制度的职务取消了，不是独立的，但检察还是要，收押、逮捕都集中起来办，我们是真正保持了检察官的职权，检察制度的作用还是

---

①《陕甘宁边区高等法院：边区高等法院雷经天、李木庵院长等关于司法工作的检讨会议发言记录》，陕西省档案馆，卷宗号：15－96。

有的。①

会议参与者之一的谢觉哉（会议记录称其为"谢老"），其发言强调陕甘宁边区司法改革的必要性，以及必须坚持的方向：

新民主主义的司法到底是怎样，这思想也是模糊的。我觉得雷经天同志当时是抵抗外来的一套，认为外面的一套是不适用的，他是经常这样讲。但另方面恐怕也有侵入了外来的一套，因为那时没有人，所以那些人也是用的。比如法院拿来的案子上面就批有"交朱婴办理"的字样。那时是一面抵抗着外来一套，另外面一套也侵入了，因我们没有一套好的来抵外来的。雷经天同志想一想，是不是这样的？雷经天同志那时调学习是中央决定的，现在想起来雷经天同志去学习是对的，因那时中央搞整风正紧张，对雷同意学一下再来工作是对的。但是不是调的适时?! 现在想起来是不适时的。后来李老来了，我也同他接近过，我觉得李老在旧的司法上比陆老、张老是不同的，李老的为人也是同张老不同的，张老就是蛮干，李老到法院去，我看也是抱着信心，想把法院搞一个名堂出来。他对那时的办法不满，认为雷经天没创造出什么东西来，他认为雷经天同志没有学识，李老去时是很老练的。我听支部反映说，李老日夜抄起草各种条例，我同李老讲过，你不一定这样，搞出来也不一定适用。他这样努力是好的，但是他的方向是搞错了，他搞出来的司法，不是群众化，不是从边区实际中创造出来的，而是从教条方面来发展，另方面就是说资产阶级的超阶级的司法代替了一切。所以这是死路。李老时代的路线不是共产党的而是国民党的，在总的方面，这样提出

①《陕甘宁边区高等法院：边区高等法院雷经天、李木庵院长等关于司法工作的检讨会议发言记录》，陕西省档案馆，卷宗号：15－96。

是不是对。①

林伯渠（会议记录称其为"林老"）的发言，语重心长。他认为："在法律观点上，雷经天同志闹革命久些，他不懂得这些东西，没有法律观点，在闹革命方面总想把事情搞好，这就是党的观点，首先就是他反对法律观点的，他一贯的是如此的"；"国民党的制度我们是不用的，三级三审、检察制度、审判委员会都不要了"；"你（指李木庵）写信给我，你要辞职，这种做法就是国民党的方式，不明白不用那样的方式，我们党团也可以辞职，不是辞职就不做事，休养是可以的。你搞条文作参考也还有用处，把情绪要转变一下，这件事是搞错了。你还可以帮助搞朱英、张老，他们有什么活动，关于新法学会、新法训练班的事，大家都可以讲道理，把问题搞明白。暂时休养一下也好。这不是为了打击你，而是为了把工作搞好。你学的法律比陆老、张老是好，今后你要好好地搞，过去是好意，但是没有搞好。我们总结一些经验，将来就可以搞好。"②

雷经天则表示："李老要休养，在休养期间还是要住在法院，帮助法院的工作。"③

应该说，这次会议关于检察制度的讨论，总体上是健康的，富有启发性。正是这样的广泛而深入的讨论，虽然决定检察制度取消，但是，正面的争论，也为人们全面、深刻地认识这一制度，起了积极的作用。

---

① 《陕甘宁边区高等法院：边区高等法院雷经天、李木庵院长等关于司法工作的检讨会议发言记录》，陕西省档案馆，卷宗号：15-96。

② 《陕甘宁边区高等法院：边区高等法院雷经天、李木庵院长等关于司法工作的检讨会议发言记录》，陕西省档案馆，卷宗号：15-96。

③ 《陕甘宁边区高等法院：边区高等法院雷经天、李木庵院长等关于司法工作的检讨会议发言记录》，陕西省档案馆，卷宗号：15-96。

当条件成熟的时候，检察制度的恢复，就又被提到了议事日程。

（二）推事审判员联席会议

1945 年 10 月 18 日至 12 月 25 日，陕甘宁边区召开了"推事审判员联席会议"。这次会议对检察制度的讨论，有了新的进展：王子宜院长在会议开幕式上明确提出了检察制度作为讨论的议题之一："高等法院与各分庭职权的划分、要不要检察制度、司法机关与保安机关职权的划分，所有这许多的问题，不解决就无法进行。"①

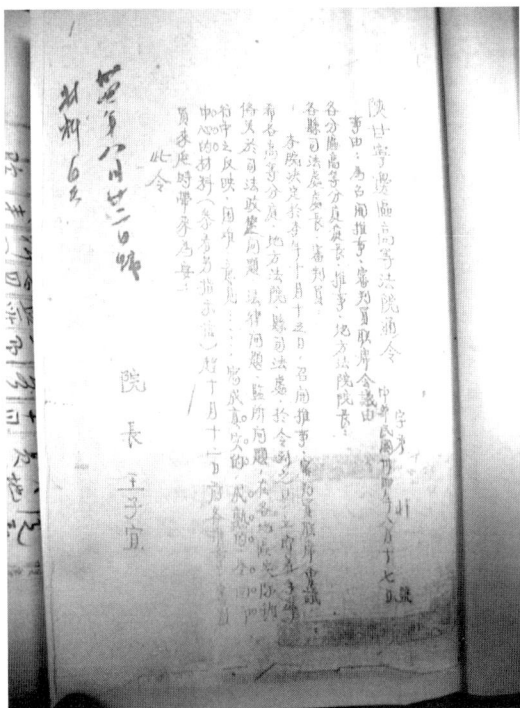

▲ 陕甘宁边区高等法院召开推事审判员联席会议的通令（卷宗号 15－68）

10 月 19 日上午，宋常华同志发言：

关于检察制度，过去有这个东西以后取消了。以后工作中我觉得这个东西必须有。现在好像下边做司法的人成了孤立的了，一科里能解决的解决了，难解决不了的送给司法处。可是司法处只有两个人（一个书记、一个裁审员）。要调查，靠区乡也困难，县上的人少，下去也困难，你下去，上来堆了好多的事。过去保安科，

---

①《边区高等法院：关于延迟推事、审判员联席会议的通知和王子宜院长的开幕词、林伯渠主席的讲话记录》，陕西省档案馆，卷宗号：15－69。

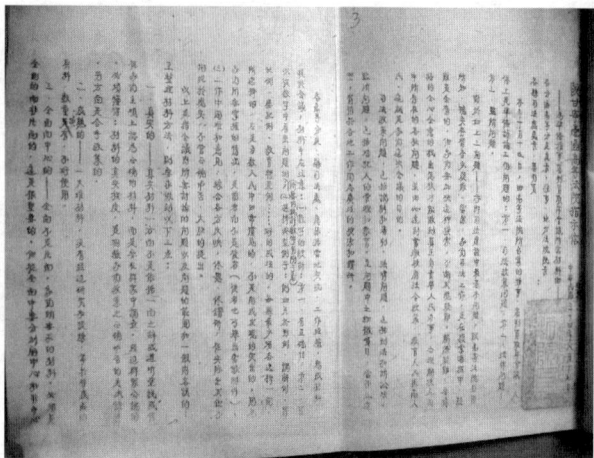

▲ 陕甘宁边区高等法院为准备召开推事审判员联席会议所需材料之指示信（卷宗号15–68）

可以帮助些，调查一些案子。现在其他他也不知道，在莨县整风以来，他们也忙，不能帮助，只有司法部门的人去搞。自己去调查，所以有的说："是你自己调查的了，又是你自己审判的，还不是由你说"。所以，搞司法工作的人成了孤立的了。

如还有一些案件，这方面也没有建立检察制度，在绥德四十里铺死下一个人，结果烂得臭了，没有人管，周围老百姓都搬走了。我们的书记员到了那里，连一个人也找不到，结果在路上挡得两个人才把死人埋了。所以要建立起制度，靠区乡上，区上都是分保安助理员、文化助理员……组织下面没有，只有县上有，而县上的人有限制。①

10月20日，史文秀同志发言：

关于检察制度，亦很需要。一方面到下边调查案件，可另外对行政处理上少，是否讨论一下这个问题呢？②

10月23日，陇东金凤岐同志发言：

恢复检察制度。就是说要增加检察员。过去曾经有检察员，因为过去不需要，以后审检合一便利。因此，审判员就是检察员，又检察

---

① 《陕甘宁边区高等法院：边区推事、审判员联席会议发言记录之三》，陕西省档案馆，卷宗号：15–78。

② 《陕甘宁边区高等法院：边区推事、审判员联席会议发言记录之四》，陕西省档案馆，卷宗号：15–79。

又审判，结果搞得不方便，检审合一就不妙，使调查工作受影响。有了检察员可以不孤军奋斗，你一手包办出来，工作也不好。设检察员可以专门搞刑事，我们专搞民事，使得调查或者检察更能深入。因为调查工作在其他工作适用，同样也适合于司法工作。如果你不调查那也是笑话，以后专门人搞，使工作更有效。我们要恢复检察制度。同时得两个书记员、法警一班，现在有两个法警，实际只有一个，一个是做勤务工作，按我们的意见，是分厅和县均设二人，专门做检察工作，县司法处应设书记员二人，看守一人，法警一班。①

10月25日，曲子陈守学同志发言：

曲子县司法人员有三个人，一个推事、一个院长，一个书记员，工作忙得搞不过来，案子堆下六十几案，我们自己增加了两个推事，还没有经过边区政府的批准，还不合法，现在事实上只有四个人。这次会议有人说，要恢复检察制度，这个问题我想了一下，有一个检察员是不是能把问题解决了呢？有了一个检察员，是不是还要一个书记员呢？再增加一个书记员，案子要有证据，还要审查，判断调查要来这样一个手续，有一个检察员能不能把案子调查得适当呢？不过有一个检察员是能帮助一些工作。那么保安科是不是要负这个责任呢？清查汉奸，清查破坏分子，为我们司法工作者的职责，保安处可以代表检察机关执行侦检汉奸，侦检破坏分子，现在我们提出检察员的关系怎么样呢？我提出这样一个问题大家研究。各县的处长与保安科的关系没有什么问题，这样就联系到一个人员的困难，对看守所就没有办法管理，须要一个专门的人管理看守所，这个工作审判员根本干不

---

① 《陕甘宁边区高等法院：边区推事、审判员联席会议发言记录之六》，陕西省档案馆，卷宗号：15 - 81。

了，所以对犯人的管理上有这样一点困难。①

10月26日，刘汉鼎同志发言：

建立检察制度问题：大多数人都讲了，我自己也感觉需要，因为这个检察制度中包括责任职务问题，到底谁应该负这个职务呢？保安科是不是能代理这个职务呢？我看很少。同时，各县保安科的性质是对破坏辖区、带政治意义的事管得多，至于人命案，保安科还帮助侦查，而他的职务，我认为不是这样，也非司法机关的职务。因为在延安市有公安局，是不是能代理检察制度呢，今天我看还没有代理，所以我觉得检察制度是需要的。检察制度到底建立检察员或其他的什么，我的意见，建立检察员不要检察制度，那还需要一个裁判员，如按正式制度，检察员和裁判员平行，其下面还需要一个书记员。②

会议闭幕时，1945年12月29日，陕甘宁边区高等法院王子宜院长进行了会议总结。王子宜在总结中认为：

关于制度问题，制度问题内关于审判独立及检察制度等，虽然意见很多，但因其带有法制上的根本性，这里不详提及，只是把些材料整理起来，留待下届参议会决定。

1946年1月18日，李木庵向边区高等法院王子宜院长反馈了自己的意见：

此次司法会议的总结，内容我看了，所得出的结论大都是好的，关于我的意见，有几点写在后面，借供参考：……检察制度的建立。高等法院设立检察处，内置检长、检察员、书记员各一人，初审机关各置检察员一人，这样的组织是可以的，但他的体制，除检察系统内

---

① 《陕甘宁边区高等法院：边区推事、审判员联席会议发言记录（七）》，陕西省档案馆，卷宗号：15-82。

② 《陕甘宁边区高等法院：边区推事、审判员联席会议发言记录（八）》，陕西省档案馆，卷宗号：15-83。

关于行政外，归法院总管办理外，他的关于侦查、起诉、相验、执行的本身职权，要保持他的独立性，方合法理，且不受外部的质疑和批评。①

实际上，这次会议不仅达成了重新建立检察制度的共识，李木庵还对检察制度的具体设计，提出了意见。正是这次会议的推动，陕甘宁边区第三届参议会决定，恢复了检察制度。

（三）检察业务研讨会

陕甘宁边区高等检察处的首届业务研究会，于 1946 年 7 月 23 日至 8 月 7 日在延安召开。边区高等法院马锡五院长、乔松山副院长参加了会议，各分区到会之检察员计有：绥德黑长荣同志、关中杨直同志、三边分庭陈继光同志、陇东伍生第同志和关中书记员李垒葆同志，会期历经 14 天，对于检察工作之范围、组织机构名称和工作上必须之种种措施，均有所论及。②

会议行将结束时，检察长马定邦向边区政府提出了《为请核示本检察处首次业务研究会所发现的问题及初步意见》，③ 主要内容是：

对于"检察工作的业务范围"，认为包括：

1. 检举一切刑事罪犯，阴谋破坏人民利益及民主政权者；2. 检举破坏边区政府政策法令者；3. 检举公务员贪污渎职之行为；4. 对

---

①《陕甘宁边区高等法院：王子宜院长在推事审判员联席会议上的总结报告、李木庵对司法会议总结的几点意见》，陕西省档案馆，卷宗号：15－70。

②边区高等法院编制的《司法通讯》（第二期），1946 年 8 月 8 日出版，在专栏"司法界动态"，专门报道了"检察业务研究会闭幕"的消息。参见《陕甘宁边区高等法院：边区高等法院编制："司法通讯"（一、二期）》，陕西省档案馆，卷宗号：15－60。

③参见《边区高等法院：有关刑事政策及业务研究、讨论会记录和报告》，陕西省档案馆，卷宗号：15－90。

监狱犯人之生活教育，可督导之，对应平反之案件，可提起进行再审。根据会中大家意见，凡有关违反人民利益的，如违反减息、减租政策的，应规定在刑事范围内，以便保证政策法令之推行及大多数群众之利益。又从第三届参议会关于边区检察制度议定之精神者：边区检察机关，对于军、政、民之犯罪行为，均有检举之权，此点颇似苏维埃时代工农检察局之权限，唯依法检察出之犯罪行为，凡关司法者，提交法院判处，属于军事范围者，提交军事机关处理，但有关军民关系者，亦归法院，原属军事机关可派人陪审，唯关轻微之行政处分者，归直属机关予以教育或处分者，不在检举权限之内。

对于"机构组织"，提出：

1. 各县应普遍设立检察机关，大县设检察员一人，书记员一人，小县仅设检察员一人，小县检察员应选能自记笔录者为佳，但无法满足此要求时，书记业务由该县司法处书记员兼，上项机构限于本年十二月底以前建立完成。2. 各分区（延属在外）之检察机关，配备检察员、书记员各一人，如人力不足时，将来看工作需要，再酌予增加。3. 高等检察处，设检察长一人，检察员二人，主任书记一人、书记员二人，共六人，勘验工作现无法找到适当人员担任，拟就书记员中择一人，研究此项业务，慢慢培植。4. 县以下不再设这样定型的组织，但为侦查案子和调查特殊事件起见，检察员可找个别的人协助工作，与他自己发生临时或固定的单线联系的工作关系。

对于"机关名称"，认为：

边区级的称"陕甘宁边区高等检察处"，分区的称"高等检察处某某分处"县的称"县检察处"。检察人员称检察员。

关于"便利工作的措施"，认为：

1. 各级检察机关之印信图记。2. 检察员携带之指挥证是否需要。

如需要，究由何处制定颁发。3. 各分区检察机关均需要法警执行事情，是否能于县或分区警卫队内拨固定的几人使用？应有明确规定。4. 检察制度创设伊始，各级机构人员尚未配置完备，故目前无法普遍推行工作，现拟就本处现在所有的人力，各分区来延检察员在内，先在边区监狱内开始工作，检察犯人生活、教育，清理平反案件及未决案件等，借此取得经验，以便展开工作。

上述3次会议关于检察制度问题展开的充分的讨论，成为检察制度构建和运行的基础性环节。虽然司法工作检察会议之后，检察机关被撤销，但是，会议关于检察制度展开的深入讨论，意义深远。这3次会议，为高质量的检察制度的建立，以及检察机关职能的具体开展，奠定了坚实的思想基础。

二、检察制度专门化的发展方向

人民检察伴随着革命政权建设的始终，但也经历了不同的模式和路径：苏维埃政权的人民检察制度，实行人民检察委员会的形式，重视充分调动群众，发挥群众的作用，对违法犯罪行为进行检察，维护革命秩序，保证法律、法令的实施。陕甘宁边区对之前苏维埃人民检察制度的特点予以继承基础上，探索了人民检察专门化的路径。

人民检察制度的专门化，是指检察职能作为一项专门的政权职能，由专门的机关和专业人员履行。陕甘宁边区人民检察的专门化路径，是指将检察机关作为专门的机构，作为人民政权建设的组成部分。专门化建设包括检察职能的明确化与具体化、检察机构的网络化、检察业务的独立性等三个方面：

（一）检察职能的明确化与具体化

1937 年 8 月至 1942 年 1 月，将检察机关设置于陕甘宁边区高等法院，作为一个相对独立的机构，履行专门的检察职能。

根据 1939 年 4 月 4 日公布的《陕甘宁边区高等法院组织条例》第 7 条规定，陕甘宁边区高等法院的机构设置包括："高等法院设置下列各部门：1. 检察处；2. 民事法庭；3. 刑事法庭；4. 书记室；5. 看守所；6. 总务科。"

专门机构的设置，为检察职能的明晰，提供了条件。而且，陕甘宁边区从一开始，就明确规定了检察权行使的独立性，《陕甘宁边区高等法院组织条例》第 12 条规定："高等法院检察处，设检察长及检察员，独立行使其检察职权。"所以，虽然检察处设置于陕甘宁边区高等法院，但是，检察处的领导人没有被定为"处长"，而是冠之以"检察长"。检察职权的行使，从一开始就相对地独立于陕甘宁边区高等法院。在司法档案中，无论呈报边区政府的公文，还是对有关县级司法机关的批复，"检察长李木庵"与"院长雷经天"并列签署。这样的机构设置，符合检察职能履行的现实需要。

与陕甘宁边区高等法院的其他职能部门比较，检察处履行检察职能的方式，具有自己鲜明的特点：检察长相对独立于高等法院院长，检察员相对独立于检察长。

根据《陕甘宁边区高等法院组织条例》规定，检察长"执行检察任务"、"指挥并监督检察员之工作"、"处理检察员之一切事务"、"分配并督促案件之检察"、"决定案件之裁定或公诉"等职权的履行，法律明确要求检察长独立地予以完成，无须他人的协助与审查。同样，检察员"关于案件的侦查"、"关于案件之裁定"、"关于证据的收集"、"提起公诉,撰拟公诉书"、"协助担当自诉"、"为诉讼当事人或公益代表人"、"监督判决之执行"等职权的履行,法律明确要求检察员独立地完成,无须检察长的审查或批准。而且,从1937年8月陕甘宁边区高等法院成立直至1941年3月,李木庵被任命为陕甘宁边区高等法院检察处首届检察长,在此期间,检察长职位一直空缺。但基于法律关于检察员独立行使检察职权的明文规定,这并没有影响边区高等法院检察员对相关案件的侦查起诉,保证了检察业务的正常开展。

(二) 检察机构的网络化

1946年4月边区第三届参议会决定健全检察机关,其后,1946年10月19日,陕甘宁边区政府公布了《陕甘宁边区暂行检察条例》,建立了陕甘宁边区检察体系:

首先,明确规定了检察机构之组织。高等法院配置高等检察处,设检察长、检察员,高等分庭、地方法院、县司法处,各设检察员、书记员,在相关的审判机关设立检察人员,形成了组织化的检察网络,建立并健全了检察机构。

其次,明确规定了检察机关内部的垂直领导体系。高等检察长领导全边区各级检察员。高等分庭检察员领导所属各县检察员。地方法院首席检察员,领导该院检察员。法律明文对"领导"的含义,进行了限制性的解释:"有领导权者,对于被领导人员,得为下列处分:1. 得发命令促其对于职务上事项之注意。2. 对于废弛职务者,侵越权限,或行为不检者,得警告之。3. 前两款情节较重,或经警告不俊者,得提付惩戒。"说明领导不是领导者对被领导者发布行政命令,不是被领导者向领导者请示汇报,而是领导者要保证被领导者积极地、独立地、规范地从事检察职能的履行。

随着蒋介石、胡宗南进攻延安，1947 年 4 月以后，检察干部被调动参与战勤工作，接下来解放全国的战争，影响了检察制度的正常运行。战争的大规模爆发，影响了检察机构的网络化建设步伐。但是，司法档案保存的关于绥德分庭检察处工作报告等文献表明，1946年重新建立检察制度的工作，曾经卓有成效地予以开展。对检察制度重要性的认识，在陕甘宁边区已经取得了共识。

（三）检察业务的独立性

1946 年 11 月 12 日，陕甘宁边区政府发布命令，将检察机构的组织重新进行了调整：无论哪一级的检察机关，均称为"检察处"，陕甘宁边区设立"边区高等检察处"，各分区设立"高等检察分处"，各县（市）设检察处。不仅如此，检察机关的内部的垂直领导体制，在表述上发生了重大变化："高等检察处受边区政府之领导，独立行使检察权。各高等检察分处及各县（市）检察处均直接受高等检察处之领导。"由此，"检察长"与"检察员"之间的"领导"关系，被代之以"检察处"之间的领导关系，"领导"的内涵，也就随之发生了改变。

人民检察制度的专门化发展，至此基本定型：检察职能由专门的检察机构履行；上下级检察机构之间，实行垂直领导；检察机关"独立"行使检察权。

三、检察长参与犯人选举权问题的讨论

1941 年边区选举中，对于犯人是否有选举权的问题，陕甘宁边

区参议会副议长谢觉哉，就要求高等法院院长雷经天和高等法院检察处检察长李木庵进行研究，拿出具体的处理意见。雷经天和李木庵二人向谢觉哉提出了经过研究和讨论后的初步意见。谢觉哉要求高等法院提出系统地解决问题的条例，高等法院向边区参议会起草了相关的文件。《陕甘宁边区政府主席谢觉哉、甘泉县司法处等关于处理司法工作中一些问题与高等法院的来往函件》，① 收集了包括提出问题、讨论解决问题的资料，司法档案翔实呈现了这一问题从研究、讨论，到形成决策意见的过程和结果。

（一）陕甘宁边区参议会向高等法院及检察处提出问题

雷院长、李检察长：

凡罚苦役的人，原判决书上并未载明剥夺公权，而这些人多在各机关服役，并未限制其自由。这回选举，这些人是否可参加。请考虑见示。

此致

敬礼

谢觉哉

三月八日

"苦役"既包括有期徒刑，也包括拘役等处罚。这些人是否具有选举权？在陕甘宁边区的选举法中，并没有明确的规定。谢觉哉作为参议会的副议长，在具体确定公民的选举权过程中，认为这一问题需要予以明确。谁是研究和确定这一问题的恰当主体？谢觉哉将问题的解决，提交给了陕甘宁边区高等法院院长雷经天和高等法院检察处检

---

①参见《陕甘宁边区政府主席谢觉哉、甘泉县司法处等关于处理司法工作中一些问题与高等法院的来往函件》，陕西省档案馆，卷宗号：15-40。

察长李木庵，请他们研究解决。

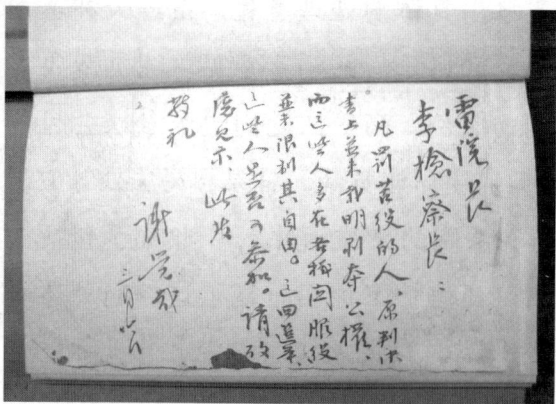

▲ 谢觉哉就被罚苦役者有无选举权一事给高等法院院长雷经天、检察长李木庵的信（卷宗号 15－40）

请陕甘宁边区高等法院参与研究选举权这一宪法问题，主要是由于所要解决的并非普通公民的选举权问题，而是犯人这一特殊群体的选举权问题。法院作为判处徒刑和拘役的司法机关，当然可以对犯人选举权的问题进行解释。毕竟，判处剥夺公权，是法律所明确规定的、法院通过判决所确定的一项制裁措施，属于刑罚的一部分。

谢觉哉要求高等法院检察处李木庵检察长参与问题的讨论和决定，主要原因是选举权涉及公民的基本权利，况且李木庵是全国著名的法学家，精通法学理论，且具有丰富的司法实践经验。

（二）高等法院及检察处呈报建议案

对于边区参议会提出的问题，雷经天和李木庵研究后，提出了明确的解决方案，即刑事案件"判决没有宣告剥夺公权"的公民，如果仍然处在刑期执行之中，包括假释期间，均不享有选举权。

谢老：

示悉。民经判决处刑而未宣告剥夺公权之人，如其刑期执行完毕，仍可享受公权，如刑期未满而假释在外，无论派在何机关服役，在假释期内应视为当在刑期执行中，自不能为公权之活动，选举权为

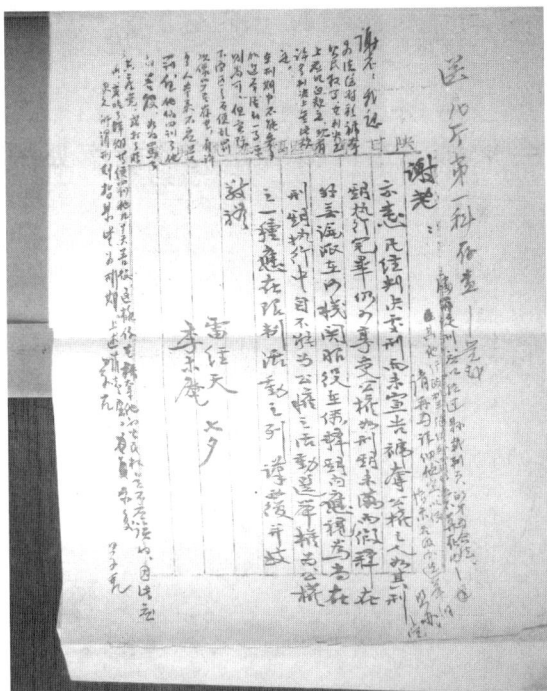

▲ 高等法院院长雷经天、检察长李木庵给谢觉哉的回信（卷宗号 15－40）

公权之一种，应在限制活动之列，谨复并致敬礼！

雷经天
李木庵
七 夕

与此同时，李木庵还向谢觉哉补充说明了自己的意见：

谢老：

我认为法院对于剥夺公民权事，在判决书上应明白规定。现有许多判决书上无此规定。

在刑期中不能参加选举活动一事，原则尚可，但实际下面区乡随便乱罚现象严重存在，有许多人本来不应受罚，但他们罚了他的苦役，如为骂了共产党，或打了（原文不清晰），或吃了洋烟等，便罚他几十天苦役。这极像在剥夺他的公民权，是不应该的。因此，应（明）定之所谓刑期，指某些有刑期，上述请考虑，示复。

木 庵

据此，谢觉哉对于边区高等法院及检察处所提出的意见，提出了进一步的修改要求：作为涉及公民选举权的相关规定，应当十分清晰，需要予以明确。谢觉哉认为：

处罚徒刑应以经过县裁判员的才为合法，其他行政机关随便处罚

的应不算在内，请再为详细颁定，以便指示各级，在选举时照办。——觉哉

（三）陕甘宁边区参议会采纳了边区高等法院及检察处的建议

谢老：

交下鉴查，原函已奉悉，除将关于剥夺公权各点，另纸详为条举外，兹复。

此致

敬礼

雷经天

李木庵

那么，高等法院及检察处所提出的关于选举权问题的建议，具体包括哪些内容呢？下列内容为陕甘宁边区"关于刑事剥夺公权的有关规定"：

1. 凡刑事案件剥夺公权须经合法机关依法审判者为有效，各级法院或县司法之承审员（裁判员）以及未设承审员（裁判员）之兼有司法职权之县长，为合法机关。

2. 凡剥夺公权之罪刑，以犯普通刑法及特别法各条所规定者为限，如犯违警法或行政公署在惩戒处分等，概不得剥夺公权。

3. 凡犯刑事罪名判处死刑者，依法必须剥夺公权终身。此外，（1）凡判处刑期在六个月以下徒刑者，无论是何罪名，不得剥夺公权；（2）凡判处刑期在六个月以上徒刑者，依犯罪之性质，应否剥夺公权，由审判员决定；（3）如认为应剥夺公权者，须于判决书主文内明白宣告之；（4）其判决书主文内未经宣告者，概视为不应剥

夺公权；（5）凡剥夺公权，1 年以上，10 年以下。审判员在其范围内斟酌情节为之决定。

4. 凡判处死刑之剥夺公权者，自判决确定时发生效力。凡判处 6 个月以上徒刑之剥夺公权者，自徒刑执行完毕或赦免之日起算。

5. 凡判处徒刑确定，但未宣告剥夺公权之人，如其刑期未经惩满，假释在县，在假释期内，应视为尚在刑期执行中，不得为公权之活动，如假释期满，仍可享受公权，残余刑期为假释期。例如，判处徒刑 2 年之人，已在监执行刑期 1 年，确经假释，其未经执行之 1 年刑期为残余刑期的，即假释期。

上述规定，成为解决陕甘宁边区选举权的规范性文件，在选举活动中予以遵守。由此，对于涉及公民选举权等宪法权利的问题，检察长在研究、解决过程中，当然起了举足轻重的作用。参与刑事案件侦查、起诉等之外的检察业务，参与选举权等宪法问题的研究、讨论和决策，构成了陕甘宁边区检察制度的重要特色。

后　记

　　《陕甘宁边区的人民检察制度》一书，是由全国检察业务专家、陕西省人民检察院副检察长巩富文教授于 2012 年申请获准的最高人民检察院检察理论研究重点课题（GJ2012B02）的最终成果。

　　这部检察制度史专著，填补了该研究领域的一个空白。

　　陕甘宁边区的人民检察制度，是我国人民检察制度的早期探索与尝试，为后来建构和发展中国社会主义检察制度提供了重要的实践经验，为巩固政权、保护人民、打击犯罪、惩治腐败、维护法制统一，发挥了重要作用。为此，在巩富文副检察长主持下，吸收西北政法大学汪世荣教授、冯卫国教授、李娟副教授，以及陕西省人民检察院法律政策研究室主任梁晓淮，副主任田鹤城、黄海等专家、学者，组建了检、学相结合的课题组，进行研究，编撰了《陕甘宁边区的人民检察制度》一书。

　　《陕甘宁边区的人民检察制度》的完成，离不开最高人民检察院检察理论研究领导小组的支持和检察理论研究所的指导，在此表示诚挚的谢意!

在课题研究的过程中,最高人民检察院副检察长孙谦给予了极大的关心和支持。陕西省人民检察院党组书记、检察长胡太平高度重视课题研究,亲自听取课题进展情况的汇报,并在人力、物力、经费和时间等方面全力保障课题的研究。最高人民检察院检察理论研究所所长王守安、科研部副主任葛琳多方协调,及时解决课题研究中遇到的困难和问题。陕西省人民检察院党组副书记、副检察长毛海和西北政法大学校长贾宇教授亲自担任顾问,给予了必要的帮助。国家检察官学院图书馆馆长薛伟宏教授、国家检察官学院井冈山分院副院长刘志成,对本书进行评审,提出了修改意见。谨此致以衷心的感谢!

《陕甘宁边区的人民检察制度》写作分工如下:汪世荣撰写引言、第一章、第四章、第六章和附录部分;田鹤城撰写第二章;黄海撰写第三章;李娟撰写第五章。

本书由副主编汪世荣教授和梁晓淮主任进行初审,冯卫国教授也参与了部分工作。

本书主编巩富文副检察长负责课题总体设计、论证、申报立项和课题研究的组织协调,并对全书进行最后统稿、校勘、审定。

由于时间仓促,本书难免存在错漏之处,请读者批评指正。

作　者

2013 年 12 月

图书在版编目（CIP）数据

陕甘宁边区的人民检察制度/巩富文主编. —北京：中国检察出版社，
2014.1
（人民检察史丛书）
ISBN 978 - 7 - 5102 - 1067 - 9

Ⅰ.①陕…　Ⅱ.①巩…　Ⅲ.①陕甘宁边区革命根据地 – 检察机关 – 司法
制度 – 法制史　Ⅳ.①D926.3

中国版本图书馆 CIP 数据核字（2013）第 279086 号

陕甘宁边区的人民检察制度

巩富文　主编

出版发行：中国检察出版社
社　　址：北京市石景山区香山南路 111 号 （100144）
网　　址：中国检察出版社（www.zgjccbs.com）
电　　话：(010)88960622(编辑)　68650015(发行)　68636518(门市)
经　　销：新华书店
印　　刷：保定市中画美凯印刷有限公司
开　　本：710 mm × 1000 mm　16 开
印　　张：12.5 印张
字　　数：151 千字
版　　次：2014 年 1 月第一版　　2014 年 1 月第一次印刷
书　　号：ISBN 978 - 7 - 5102 - 1067 - 9
定　　价：32.00 元

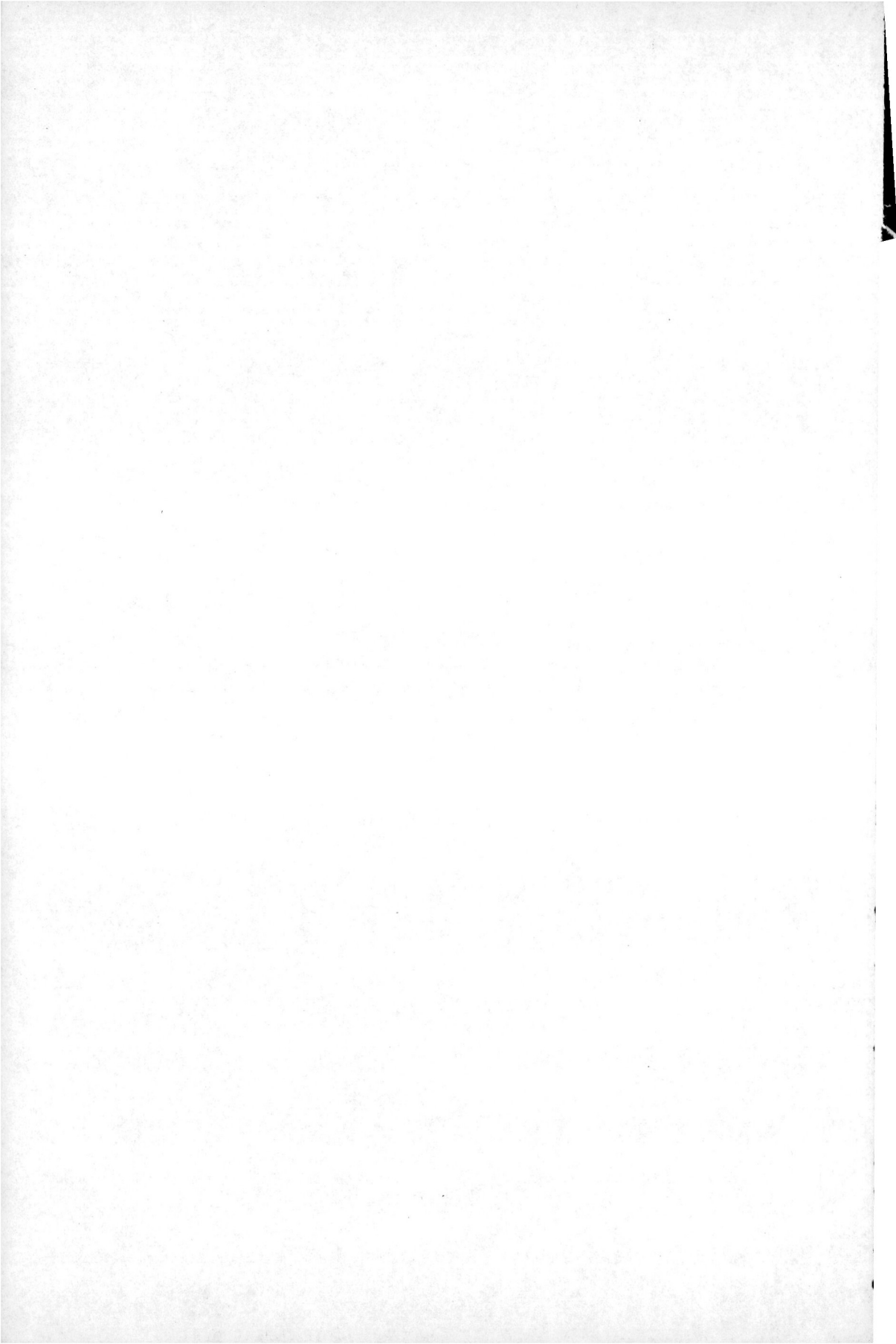